Transformez votre relation avec L'ARGENT

ISABELLE LEFEBVRE

Transformez votre relation avec L'ARGENT

21 règles d'or pour accéder à la liberté financière

BÉLIVEAU
éditeur

Conception de la couverture : Marie-Eve Magny, pinktonicdesign.ca
et Christian Campana, christiancampana.com
Illustration de la couverture : Yoda/PIXTA
Photographe : Sonia Guertin www.soniaguertinphotographie.com/
Mise en pages et adaptation numérique : Studio C1C4

Dépôt légal: 2e trimestre 2021
Bibliothèque et Archives nationales du Québec
Bibliothèque et Archives Canada

ISBN : 978-2-89793-188-9
ISBN ePub : 978-2-89793-189-6

BÉLIVEAU éditeur

567, rue de Bienville
Boucherville (Québec) J4B 2Z5
450-679-1933

beliveauediteur.com
admin@beliveauediteur.com

Gouvernement du Québec – Programme de crédit d'impôt pour l'édition de livres - Gestion SODEC – www.sodec.gouv.qc.ca.

Nous reconnaissons l'appui financier du gouvernement du Canada.

IMPRIMÉ AU CANADA

Je dédie cette œuvre à mes enfants, de sang et de cœur,
Maëlle, Philippe, Rafaël et Ange-Élie,
ainsi qu'à tous mes futurs petits-enfants,
arrière-petits-enfants et générations à venir.
Parce que la plus grande contribution au monde
passe par la liberté financière.
Parce que la plus grande réalisation de soi
passe par une vie riche de sens.
Parce que les possibilités sont infinies !
Parce que tout est possible !

« Ne vous concentrez plus sur l'Argent,
mais sur le service à un plus grand nombre de personnes.
Servir plus de gens rapporte de l'Argent. »

Robert Kiyosaki

TABLE DES MATIÈRES

PRÉAMBULE

« Les personnes riches créent leur vie.
Les personnes pauvres croient qu'elles subissent leur vie. »

T. Harv Eker

Du plus loin que je me rappelle, l'Argent n'a jamais été un problème pour moi. J'ai eu la chance de naître dans une famille aisée financièrement où mes besoins et la plupart de mes désirs ont été répondus.

Même si les conversations à propos de l'Argent ne faisaient pas vraiment partie du quotidien, avec trois enfants, mes parents avaient des choix à faire et partageaient avec nous la logique derrière ceux-ci. J'ai donc vite compris l'importance d'utiliser l'Argent de façon responsable.

Par exemple aller au restaurant était considéré plutôt comme un luxe alors que les activités et vacances en famille étaient une priorité, au même titre que la musique, les sports et les études. Mes parents s'assuraient donc de nous inculquer ces valeurs à travers leurs choix financiers. C'est ainsi que j'ai pu apprendre le piano durant mon enfance, jouer au basketball toute mon adolescence et faire des études universitaires.

Ils m'ont également et rapidement appris l'importance d'économiser. Ma mère étant très créative, je l'ai toujours vue coudre nos vêtements, préparer les repas et faire son possible pour ne pas dépenser plus que nécessaire. Puis, dès que j'ai été en âge d'avoir un compte bancaire, j'ai commencé à y déposer l'Argent qu'ils me donnaient. Je me rappelle encore mon carnet papier! C'était dans « l'ancien temps! » Mes enfants vont se demander de quoi je parle!

L'Argent a donc toujours eu une connotation positive pour moi, comme quelque chose d'important qui mérite d'y faire attention, étant une ressource épuisable si mal utilisée.

Puis, j'ai eu la chance de commencer à travailler jeune, ma mère s'étant lancée en affaires alors que j'avais 10 ans. Elle a eu sa boutique de produits naturels pendant 31 ans. Ce fut toute une école de vie pour moi. J'ai d'abord commencé par faire de l'entrée de données… manuellement! Tout un supplice que je me rappelle encore aujourd'hui! Je devais écrire un à un les chiffres de ventes de la semaine dans un tableau papier. Bien sûr, ça ne balançait jamais!

Je vivais alors mes premières frustrations avec l'Argent. Excel m'aurait tellement sauvée la vie mais à la fin des années 80, c'était la bonne vieille calculatrice qui devait être ma meilleure amie. Cette première expérience m'a vite appris que je n'étais pas faite pour les chiffres. Depuis, j'ai toujours détesté la comptabilité.

Puis, j'ai eu une promotion. Travailler directement dans le magasin! Ma première fonction a été de vendre le popcorn. Je passais mes vendredis soir ou samedis après-midi derrière la grosse machine à popcorn, selon mon horaire de basketball, tout en jasant avec mes amies qui passaient me voir. Mon premier vrai salaire : 1$/heure! Aujourd'hui, ça me fait encore sourire. Toute une expérience qui m'a appris rapidement la valeur de l'Argent.

À partir de ce moment, parce que je gagnais désormais de l'Argent, ma mère avait pris une entente avec moi. Elle payait mes vêtements mais si je voulais une marque en particulier, c'était moi qui devais payer la différence. Déjà, je devais faire mes premiers choix en matière d'Argent.

Puis, de fil en aiguille, de plus en plus de tâches m'ont été attribuées comme être à la caisse et, finalement, conseiller les clients. À partir de 15 ans, je me suis mise à remplacer les employés durant leurs vacances, en plus d'avoir un emploi étudiant pour la Ville. Je ramassais ainsi mon Argent d'été en été. Je pouvais me payer de petites dépenses tout en continuant d'économiser. Par exemple, tout comme ma mère, j'avais appris à coudre. Ainsi, je portais des vêtements exclusifs, que je confectionnais moi-même à peu de frais, en plus de me démarquer davantage des autres. Une Insoumise pure !

Je dirais que ma relation avec l'Argent a davantage commencé à se dégrader pendant mes études au cégep, tout comme ma santé d'ailleurs, sujet que j'ai longuement abordé à travers mon premier livre[1]. À cette époque, mes parents ont divorcé. Le tableau financier n'étant plus le même, la réalité non plus. La grosse maison familiale qui, à l'époque, figurait parmi les « maisons de riches » de la ville, a été vendue. J'ai vu l'insécurité financière se pointer et ma mère « tout remettre dans les mains d'en haut », comme elle le dit si bien, pour devenir pourvoyeur et utiliser sa créativité habituelle pour nous offrir un nouveau nid familial.

Malgré son statut d'entrepreneure considéré précaire pour la banque, elle a réussi à acheter un bungalow converti en triplex. Pas neuf du tout, pas grand non plus, elle a dû y mettre beaucoup d'amour, de temps et un peu d'Argent. À partir de ce moment, chaque grosse dépense était davantage un enjeu et demandait réflexion. L'abondance dans laquelle j'avais baigné

---

1 Lefebvre, Isabelle. *100 % Alignée 100 % Assumée — Tout est possible!* Béliveau Éditeur, 2019, 212 pages.

n'était plus là. Mes besoins étaient répondus mais non pas mes désirs. Bien que je n'aie jamais manqué de rien, ma relation avec l'Argent n'était plus la même qu'autrefois.

La vie a continué, mes parents se sont refaits chacun à leur façon une santé financière. J'ai eu des prêts et bourses pour payer mes études. En 2001, dès la fin de ma maîtrise, j'ai commencé à travailler dans le réseau de la santé. Puis, j'ai décidé de m'acheter une maison. J'avais fait mon budget et avec deux loyers, j'étais en mesure d'assumer tous les frais.

Quelle aventure! Je vivais mes premières expériences avec des locataires. Par contre, ça ne s'est malheureusement pas passé comme je l'avais espéré. Ma mère avait définitivement plus le tour que moi. À 25 ans, je n'avais pas la crédibilité ni l'expérience nécessaire et je me suis fait avoir trop souvent. Tellement pour que je conclue que vendre la maison était la meilleure option. Il faut dire qu'entre-temps j'avais rencontré le père de mes enfants et que mes plans avaient changé.

Rapidement, nous avons emménagé ensemble puis tout a suivi: l'achat d'une maison familiale, le mariage et les enfants. Je peux dire que c'est à partir de ce moment que mes vrais défis financiers ont commencé. Encore une fois, je n'ai jamais manqué de rien, mais l'arrivée des enfants a été pour moi un point de bascule dans ma vie où je me suis retrouvée dans une insécurité générale, dont l'insécurité financière.

Je réalisais à quel point tout coûtait cher, et ce, même avec deux bons salaires. À cette époque, nous étions tous les deux fonctionnaires. Cependant, nous n'arrivions pas à répondre à tous nos besoins et désirs, ou plutôt tous mes besoins et désirs, car c'est moi qui voulais tout!

Aujourd'hui, je réalise que je voulais offrir à mes enfants le même style de vie, la même abondance que j'avais connus et que je ne voyais pas comment faire. Le père de mes enfants qui, lui, venait d'une famille beaucoup plus modeste, avait déjà accédé à un niveau de prospérité beaucoup plus grand que tout ce qu'il avait connu par le passé. Nous n'étions donc pas du tout au même niveau.

Plus les enfants grandissaient, plus les besoins et désirs croissaient, eux aussi ! J'ai donc utilisé ma créativité pour augmenter toutes nos possibilités financières, rencontré des planificateurs et conseillers financiers, allant même jusqu'à prendre une marge de crédit hypothécaire que j'ai, par la suite, trop bien remplie !

Voyant le gouffre financier dans lequel j'étais en train de nous enfoncer, j'ai dû changer de stratégies et j'ai commencé à prendre des formations sur l'Argent. C'est ainsi que tranquillement, sans même le savoir, j'ai commencé à transformer ma relation avec l'Argent.

Puis, j'ai amorcé la nouvelle décennie de 2010 avec un objectif clair. Je voulais aider le plus de monde possible en étant 100 % qui je suis, c'est-à-dire autant avec mon côté intuitif et coloré que mon côté professionnel et terre à terre. Je voulais ainsi doubler mon revenu et travailler deux fois moins afin d'offrir à ma famille une vie confortable et de pouvoir prendre soin de mes enfants. Tout un défi !

Tout en continuant de travailler dans le réseau de la santé, j'ai entrepris ma formation en coaching professionnel. Entre-temps, j'étais toujours à l'affût de nouvelles opportunités financières. C'est ainsi que nous avons loué des chambres dans notre maison à des professionnels de la santé qui venaient en stage à l'hôpital où je travaillais.

Puis, en 2014, nous avons acheté une très grosse maison centenaire transformée en triplex depuis des années. Cette maison finit par devenir notre résidence principale tout en louant les deux logements adjacents. Encore une fois, des erreurs de planification financière et bien des imprévus ont fait grimper la facture des rénovations. Nous n'avons donc pas fait l'Argent estimé au départ et, aujourd'hui, je comprends exactement pourquoi. Ma relation avec l'Argent faisait totalement défaut.

À travers toutes ces expériences financières, je multipliais les formations sur l'Argent. Je continuais de parfaire mon art de planifier, de faire un budget et de le suivre, car je croyais profondément que le problème était à ce niveau.

En 2017, je n'en pouvais plus de travailler dans le réseau de la santé. J'adorais mes collègues et mes mandats, cependant j'avais l'impression d'avoir fait le tour du jardin et les conditions de travail se détérioraient. Avec trois enfants, ma famille était complétée et je sentais qu'il était temps de quitter. Même l'Univers m'envoyait clairement des signes !

Je pensais donc être prête à passer à l'action mais, visiblement, je ne l'étais pas puisque je n'étais pas en mesure de rapporter la moitié du revenu familial nécessaire. J'avais déjà quelques clients en coaching mais j'étais loin d'y arriver ! J'investissais davantage que ce que mon entreprise me rapportait.

Je devais alors me rendre à l'évidence, jamais je ne serais capable de quitter le réseau de la santé dans ces conditions-là. Je tournais littéralement en rond. Un jour, mon Insoumise était prête à démissionner ; le lendemain, mon Accumulatrice voulait garder son fonds de pension ! Je réalisais que, si je voulais sortir de cette impasse, j'avais besoin d'aide.

Par une belle synchronicité, au même moment, l'une de mes amies avait découvert ses Archétypes Financiers (AF) en travaillant avec une coach certifiée dans ce domaine. Je me suis alors rappelé que les AF avaient été abordés dans l'une de mes formations passées. Bien que j'avais été interpellée, je n'avais pas été en mesure de saisir toute la puissance et la portée des AF à cette époque, mais là j'étais prête. Ça y était, j'avais enfin trouvé la personne qui allait m'aider à atteindre mes objectifs !

C'est à partir de ce moment-là que tout a changé et que j'ai eu LA révélation de ma vie ! J'avais toujours cru que le problème, c'était l'Argent, mais c'était faux. Pendant toutes ces années, alors que j'avais pris des formations pour comprendre l'Argent et apprendre à mieux l'utiliser, un élément crucial m'avait échappé.

Ce qui faisait défaut, c'était ma relation avec l'Argent ! Ce qui n'avait rien mais absolument rien à voir avec l'Argent lui-même et c'est exactement ce que vous découvrirez au cours des prochains chapitres.

Ainsi, à l'automne 2017, je suis passée de transformer complètement ma relation avec l'Argent à transformer complètement qui je suis ! Rapidement, j'ai vu les changements dans chacune des sphères de ma vie. Par exemple au niveau de mon entreprise, en l'espace de quelques mois seulement, j'avais quitté le réseau de la santé pour me consacrer totalement à ma mission et mon entreprise et, depuis, mon chiffre d'affaires a augmenté de 100 000 $ de plus par année.

Aujourd'hui, je peux vous dire que l'Argent est, à mes yeux, l'outil spirituel le plus sacré que je connaisse, d'où son A majuscule, question de l'honorer pleinement. J'ai donc écrit ce livre dans l'intention de partager avec vous non seulement comment j'ai transformé ma relation avec l'Argent mais, surtout, comment vous pouvez aujourd'hui transformer la vôtre afin de gagner plus d'Argent, d'accéder à la liberté financière et d'avoir une vie riche de sens.

Vous savez, je crois profondément que votre relation avec l'Argent peut en dire long sur vous : vos valeurs, vos visions et vos intentions, vos priorités, vos motivations, vos habitudes et vos attitudes, de même que vos comportements, vos faits et gestes, tout comme votre valeur, votre mindset, votre revenu ou votre chiffre d'affaires.

Et parce qu'il n'y a pas plus concret et tangible que de l'Argent, vous observerez rapidement les résultats de votre transformation se manifester sous vos yeux, tant sur vous, dans votre vie que sur ce que vous gagnez. En fait, c'est de loin la transformation la plus rapide que vous pouvez vivre. Il n'existe pas de mots pour vous dire à quel point c'est extraordinaire et presque surréel. Les possibilités sont infinies et tout est possible!

P.-S. Mais avant d'entrer dans le vif du sujet, parce que mes clients sont tous des entrepreneurs, des dirigeants ou des gestionnaires, je ferai souvent référence au monde des affaires. Ne vous en faites surtout pas, je suis très consciente que vous n'êtes peut-être pas en affaires et que ce n'est pas nécessairement ce que vous visez. Je n'ai pas l'intention de vous convertir à l'entrepreneuriat, mais je crois profondément qu'être en affaires est le véhicule par excellence pour réaliser votre mission dans sa plus grande expression et contribuer à la hauteur de vos aspirations.

N.B. Pour alimenter votre réflexion en lien avec votre relation avec l'Argent, téléchargez le guide qui accompagne ce livre: www.isabellelefebvre.com/livre-Argent.

INTRODUCTION

POURQUOI LE PROBLÈME AVEC L'ARGENT N'EST JAMAIS L'ARGENT

« Si vous ne savez pas comment prendre soin de l'Argent, l'Argent va rester loin de vous. »

Robert Kiyosaki

Vous savez, autant l'Argent est sacré pour moi, autant que, pour bien des gens si ce n'est pas pour la majorité de la population, l'Argent est le plus grand des tabous. En fait, l'Argent, personne n'ose en parler, mais tout le monde en veut! Bien des sujets de discussions peuvent facilement être abordés, même le sexe, et ça va mieux passer que de parler d'Argent! Imaginez juste de penser dire à haute voix comment vous gagnez par année et ça crée déjà un gros malaise. Pourquoi?

Il existe plein de raisons qui font que l'Argent demeure encore aujourd'hui un tabou, et c'est ce que vous découvrirez tout au long de ce livre. Par exemple, quand j'ai commencé à dire que je gagnais dans les six chiffres, je sentais un gros malaise autour de moi. On me demandait régulièrement pourquoi je disais cela alors que, de mon côté, je me demandais bien comment je pouvais accompagner les entrepreneurs à atteindre et dépasser les six chiffres s'ils ne savaient même pas que j'y étais moi-même arrivée! Comment pouvais-je être crédible à leurs yeux et gagner leur confiance si je n'en parlais pas? Aujourd'hui, je parle de millions parce que non seulement c'est mon objectif financier, mais c'est aussi le nombre de personnes que je veux toucher et inspirer à tous les jours!

Dans un tout autre ordre d'idées, il y a déjà quelques années, alors que j'étais célibataire, je me faisais un plaisir d'aborder rapidement le sujet de l'Argent avec mes nouvelles relations. C'est ce qui m'a permis, entre autres, de ne pas perdre de temps sur les sites de rencontres. C'est fou tout ce que vous pouvez apprendre sur quelqu'un quand vous parlez d'Argent. Pourquoi? Parce que la façon dont l'autre se comporte avec l'Argent, c'est aussi la façon dont il va se comporter avec tout le reste dans sa vie, incluant vous! Ainsi, en amour comme en affaires, parler d'Argent est un excellent filtre qui vous permet d'aller droit au but et de savoir exactement à qui vous avez affaire rapidement.

Alors dites-moi, je suis curieuse de savoir: *oui ou non, voulez-vous de l'Argent? Voulez-vous plus d'Argent? Aimez-vous l'Argent?* Oh que j'aimerais entendre vos réponses! Je dis bien entendre, car j'espère sincèrement que vous avez répondu un grand « oui » haut et fort à ces trois questions. À mon avis, la dernière vous a probablement donné un peu plus de fil à retorde…

Saviez-vous qu'avec l'Argent, c'est comme avec les enfants? L'Argent est naturellement attiré vers ceux qui l'aiment. Si vous ne l'aimez pas vraiment encore, ce n'est pas grave, accueillez ce qui est là tout simplement. C'est tout à fait normal. Personne n'a été éduqué avec l'idée d'aimer l'Argent. Laissez-vous donc faire un premier pas pour l'aimer aujourd'hui.

Vous savez, l'Argent est au cœur de tout, il est donc impossible de passer à côté. C'est une réalité bien terrestre. Dans ces circonstances, iI serait tellement facile d'accuser l'Argent comme étant la source de tous nos malheurs, n'est-ce pas? Et d'entretenir une relation amour-haine avec lui. Facile, vous l'aimez quand vous en avez et vous le détestez quand vous en manquez!

Alors qu'en fait l'Argent n'a absolument rien à voir et n'est aucunement responsable ni de votre bonheur ni de vos malheurs. Il apparait plutôt comme la pointe de l'iceberg sous lequel se cache le véritable coupable: votre relation avec l'Argent avec tout ce qu'elle comprend.

L'Argent est avant tout une énergie neutre, donc ni positive ni négative au départ, auquel vous donnez le sens et la direction que vous voulez. Ainsi, c'est ce que vous en ferez qui lui donnera une connotation positive ou négative. Avec l'Argent, vous pouvez tout construire comme vous pouvez tout détruire, selon les intentions que vous avez et les valeurs que vous choisissez d'honorer.

Concrètement, l'Argent est une unité de mesure terrestre, comme toutes autres unités de mesure et il sert tout simplement à mesurer une certaine quantité de dollars. Ainsi, les échanges de produits et services se font à partir de cette unité de mesure. L'Argent est également une mesure directe de votre incarnation terrestre et vous indique donc à combien vous êtes incarné dans la matière.

Dans un tout autre ordre d'idée, l'Argent agit comme un puissant amplificateur de tout: vos peurs, aspirations, valeurs, qualités, défauts, etc. Ainsi, tout sera amplifié avec l'Argent. Si, par exemple, vous êtes généreux de nature, plus vous en aurez et plus vous en ferez bénéficier les autres. À l'inverse, si vous êtes plutôt insécure et avez peur d'en manquer, plus vous en aurez et plus vous aurez peur de tout perdre. Votre relation avec l'Argent peut donc en dire long sur vous: vos valeurs, vos visions et vos intentions, vos priorités, vos motivations, vos habitudes et vos attitudes, de même que vos comportements, vos faits et gestes, tout comme votre valeur, votre mindset, votre revenu ou votre chiffre d'affaires.

L'Argent est directement lié à votre valeur, c'est-à-dire à votre propre perception de ce que vous valez ou pas. Bien sûr, je fais ici référence à votre valeur en tant qu'humain, laquelle varie d'une personne à l'autre, puisqu'au niveau céleste toutes les âmes ont la même valeur.

L'Argent est donc un véritable miroir qui révèle votre vraie nature. Il permet de voir votre capacité de donner et de recevoir. Il donne l'heure juste sur qui vous êtes vraiment, tout simplement en observant comment vous réagissez et agissez par rapport à lui, puisque la façon dont vous vous comportez avec l'Argent représente la façon dont vous vous comportez dans toutes les autres sphères de votre vie.

Enfin, l'Argent est une énergie neutre qui n'a aucun sens, sauf celui que vous voulez bien lui donner. Non seulement, il vous permet de répondre à tous vos besoins terrestres, mais il peut vous servir de levier, d'outil ou encore de moyen pour devenir encore plus qui vous êtes vraiment, atteindre vos objectifs, réaliser tant vos rêves que votre mission, et contribuer à la hauteur de vos aspirations. L'Argent est même votre plus grand outil spirituel pour élever les consciences, faire une différence dans le monde et contribuer à le changer !

Par exemple, je me rappelle il y a près de deux ans, mes enfants étaient alors tous âgés entre 12 et 6 ans. Le gros lot était de 70 millions. Je vous fais une confidence, jamais je n'achète de billets mais là à 70 millions, j'étais vraiment tentée de déroger à mes principes.

J'ai donc décidé de me servir de cette situation pour engager la discussion avec mes proches, incluant mes enfants, à savoir ce que chacun ferait avec autant d'Argent. Je leur ai aussi demandé combien de millions ils voulaient sur mon billet gagnant, question de voir comment mon Accumulatrice allait faire la répartition des millions ! Beau « problème », me direz-vous !

D'ailleurs, saviez-vous que vous avez toujours le choix des défis que vous voulez vivre avec l'Argent ? Car peu importe la somme que vous gagnez, il y a aura toujours des défis ou des problèmes, selon la perception que vous en avez. Ainsi, bien des gens croient que tous les problèmes seraient réglés avec plus d'Argent, alors que c'est faux. Avec 50 000 $ par année vient une série de problèmes ou de défis ; avec 250 000 $, c'est une nouvelle série de problèmes ou de défis ; avec 500 000 $, ce sera une autre série et ainsi de suite. Ainsi, vous avez toujours le choix des défis comme des responsabilités qui viennent avec !

Personnellement, devoir distribuer mes millions de façon juste et équitable fut un exercice vraiment puissant pour revoir mes priorités et travailler sur mon mindset. De plus, voir comment mes enfants allaient utiliser leurs millions fut extrêmement révélateur sur leurs valeurs en plus d'ouvrir leur conscience sur le champ de tous les possibles ! C'est fou à quel point cet exercice a pu les reconnecter avec leurs rêves ! Alors, je vous pose la question à vous aussi : *Si demain matin je vous donne un million de dollars, que feriez-vous avec ?*

Enfin, comme vous l'avez probablement constaté, le problème avec l'Argent n'est JAMAIS l'Argent. En fait, l'Argent ne fait qu'être dans une impartialité la plus totale. Pensez un instant au soleil. C'est exactement la même chose. Le soleil ne fait qu'être et selon comment votre peau y réagit ou non, vous l'aimez ou pas ; selon comment grandit ou non votre jardin, vous l'aimez ou pas. C'est donc votre relation avec le soleil qui est problématique, ou pas. Rien à voir avec le soleil en soi.

J'ai donc un jeu à vous proposer pour le temps que nous passerons ensemble, donc d'ici la fin de votre lecture. Vous verrez que c'est assez simple. La première règle : pas de tabou ! Donnez-vous la permission de parler d'Argent avec moi comme si on parlait de nourriture, de santé ou même de sexe! D'accord? À la fin de votre lecture, je vous promets que vous pourrez tout reprendre vos tabous et vos vieilles croyances si vous le voulez vraiment, mais là, vous embarquez à 100 % et vous jouez le jeu! D'accord? On commence!

Vous savez, l'une des questions que je pose à mes clients lors de la première rencontre est la suivante: *Quel chiffre d'affaires voulez-vous?* C'est extraordinaire combien leur réponse me donne d'indications sur où ils sont rendus actuellement dans leur entreprise, leur mindset et leur relation avec l'Argent. D'ailleurs, si je n'avais qu'une question à poser, ce serait celle-là: *Combien d'Argent voulez-vous gagner?*

Et je vous invite à valider votre chiffre en vous demandant: *Combien avez-vous besoin d'Argent pour bien vivre?* Et non pas pour survivre, car ce sont deux questions complètement différentes! *Donc, combien voulez-vous d'Argent pour avoir une vie confortable? Pouvoir donner tout ce dont vous avez envie aux autres? Vous réalisez à tous les niveaux?*

Quand vous avez trouvé votre chiffre, vous l'écrivez. Si, par contre, vous ne savez pas quoi écrire pour le moment, pas de panique! Ce n'est pas grave. Faites confiance que, d'ici la fin du livre, vous aurez trouvé votre chiffre même si vous ne savez pas comment pour l'instant.

Enfin, c'est en transformant votre relation avec l'Argent que vous changerez votre vie, que vous pourrez en gagner davantage, accéder à la liberté financière et avoir une vie riche de sens. Comme votre relation avec l'Argent est multidimensionnelle et multifactorielle, elle touche donc à plusieurs dimensions et est influencée par plusieurs facteurs. Dans les prochains chapitres, nous aborderons plus en profondeur ces différents aspects en lien à votre relation avec l'Argent tels qu'illustrés sur l'image suivante.

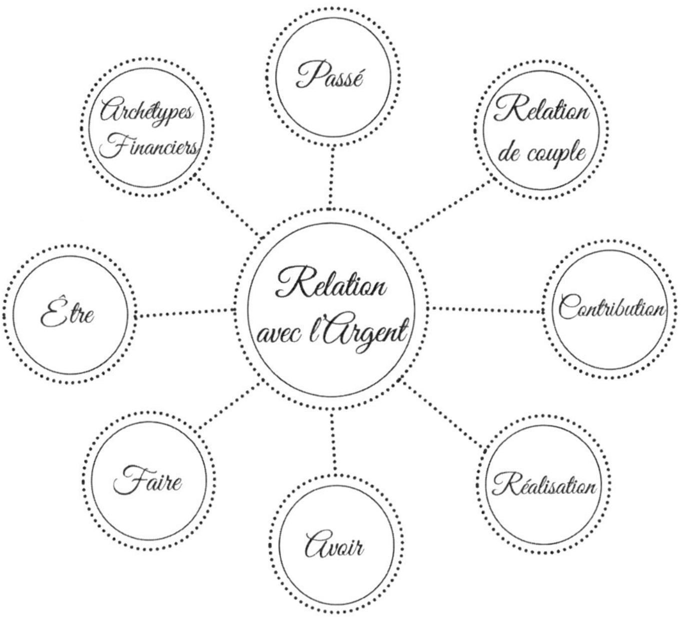

LES DIFFÉRENTS ASPECTS EN LIEN À LA RELATION AVEC L'ARGENT

C'est donc le moment d'ouvrir grand votre esprit et votre conscience. Vous recevrez des enseignements précieux, d'une valeur inestimable, qui feront que vous n'aurez plus jamais la même perception ni relation avec l'Argent, telle que vous l'aviez jusqu'à maintenant. Vous verrez à quel point les possibilités sont infinies et que tout est possible! Mais pour le moment, allons découvrir pourquoi ça bloque quand vous désirez de l'Argent.

CHAPITRE 1

POURQUOI ÇA BLOQUE QUAND VOUS VOULEZ DE L'ARGENT

« Les riches se concentrent sur les solutions,
les pauvres se concentrent sur les problèmes. »

T. Harv Eker

Les blocages par rapport à l'Argent peuvent être à différents niveaux. Vous pouvez tout d'abord avoir de la difficulté à en attirer pour vous alors que vous avez de la facilité à en attirer pour les autres, par exemple votre partenaire ou votre employeur. Vous pouvez aussi avoir de la facilité à en attirer mais avoir de la difficulté à en garder, par exemple dès que vous avez de l'Argent, vous la dépensez.

Si vous êtes en affaires, vous pouvez également avoir plein de clients mais pas d'Argent. Par exemple de nouvelles dépenses imprévues se présentent au fur et à mesure que les clients arrivent, votre auto ou votre ordinateur brise. Vous pouvez avoir de la facilité à générer un certain chiffre d'affaires, mais vous êtes incapable d'en gagner plus. Vous n'arrivez pas à franchir le cap du 100 000 $ ou encore à doubler, voire même tripler votre chiffre d'affaires.

Peu importe combien vous voulez gagner d'Argent, c'est normal d'expérimenter des blocages ou des plateaux. Rassurez-vous, cela ne veut pas dire que vous ne pouvez pas en gagner plus, cependant, comme nous l'avons vu précédemment, l'Argent est directement lié à votre valeur, c'est-à-dire à votre propre perception de votre valeur. Plus grande est la valeur perçue, plus grands seront les revenus. Ainsi, votre revenu est le reflet de votre valeur.

Pour augmenter de façon durable votre valeur et par la suite vos revenus, vous devez d'abord transformer votre relation avec l'Argent dans trois dimensions tel qu'il est illustré dans l'image suivante.

LES TROIS DIMENSIONS DE LA TRANSFORMATION

Cette transformation se fera d'abord dans la dimension de l'Être, puis du Faire et de l'Avoir, et non l'inverse. Pourquoi ? Vous avez certainement entendu vos grands-parents et vos parents dire : « Si j'avais de l'Argent, je pourrais faire ce que je veux et devenir qui je veux ! » Avoir de l'Argent pour Faire ce que vous voulez et enfin Être qui vous voulez appartient à une autre époque où assurer d'abord sa sécurité physique était l'objectif et où travailler fort était la principale croyance. Les gens travaillaient donc à la sueur de leur front, pour la majorité dans un travail de substance alimentaire, qu'ils n'aimaient pas nécessairement mais qui leur permettaient de maintenir un certain niveau de sécurité.

De nos jours, cette vision, tant du travail que de la vie, n'est plus valide puisque dans la société moderne, la sécurité physique n'est plus un enjeu de taille comme auparavant. Aujourd'hui, l'objectif ultime étant de s'accomplir, de se réaliser et de contribuer, c'est la formule opposée qui fonctionne. Vous devez donc d'abord sortir du mode : Avoir + Faire = Être pour passer au mode : Être + Faire = Avoir. Sans plus tarder, abordons donc ces trois dimensions plus en profondeur.

La dimension de l'Être

La dimension de l'Être est la base, la fondation, le cœur et l'essence même de qui vous êtes. Elle fait référence à l'âme, aux valeurs humaines, à la foi, aux croyances, à l'au-delà, à l'invisible pour les yeux, à la spiritualité tout comme à la quête de sens, à la conscience et aux grandes visions que vous voulez manifester. Elle est beaucoup plus large que vous ne pouvez l'imaginer.

Ainsi, que vous soyez salarié ou en affaires, si vous n'êtes pas satisfait de ce que vous gagnez actuellement, vous avez à transformer votre relation avec l'Argent et à augmenter votre valeur. Cela passe d'abord par une transformation de l'Être à travers les cinq étapes de la transformation et les cinq niveaux de conscience correspondants. Je vous les présente bien succinctement puisque, dans mon premier livre, j'ai consacré un chapitre entier sur chacune de ces étapes.

LES CINQ ÉTAPES DE LA TRANSFORMATION[2]

ÉTAPE 1 : LA LIBÉRATION

Vous avez d'abord à vous libérer de tout ce qui bloque et qui peut vous empêcher d'atteindre vos objectifs financiers, que ce soit les patterns, les blessures et les mémoires, les peurs, les croyances, les blocages,et les épreuves de vie, etc. C'est cette libération qui vous permettra de sortir du manque et du premier niveau de conscience : la survie.

ÉTAPE 2 : LA ZONE DE CONFORT

Dans cette étape, vous entrez dans une zone de confort et vous expérimenterez enfin le niveau de conscience de la sécurité. Ce qui sera bienvenue au départ, mais pourra vous empêcher de poursuivre votre transformation par la suite si vous y prenez trop goût. Pour en sortir et passer à la prochaine étape, vous aurez besoin de vous bâtir une sécurité, cette fois-ci intérieure, en vous créant de nouveaux points de repère. Ainsi, peu importe ce qui se passe autour de vous, vous serez en mesure de rester *100 % Aligné 100 % Assumé* et de poursuivre votre chemin.

ÉTAPE 3 : L'ALIGNEMENT

Dans cette étape, vous entrez dans le niveau de conscience du sens, ce qui vous permettra de trouver non seulement le

---

2 *Ibid.*

sens des événements marquants de votre vie, mais vous vous alignerez avec les six piliers pour être *100 % Aligné* :

1. Vos valeurs, que vous avez à honorer en tout temps.
2. Vos forces, talents et dons, que vous avez à assumer pleinement !
3. Vos grandes visions que vous voulez manifester, pas dans dix ans, mais bien maintenant ! Parce que le monde a besoin de vous ! Des gens vivent des problèmes pour lesquels vous êtes la seule et unique solution !
4. Votre mission, afin de pouvoir la réaliser dans sa plus pleine expression. D'ailleurs, si vous faites partie de ceux qui la cherchent encore, c'est en marchant votre chemin qu'elle se révélera à vous au bon moment, quand vous serez prêt !
5. Vos besoins, que vous devez répondre en tout temps, toutes circonstances, tous lieux.
6. Vos Archétypes Financiers (AF), que vous avez à incarner également en tout temps, toutes circonstances, tous lieux, et que vous découvrirez davantage au prochain chapitre.

ÉTAPE 4 : L'INCARNATION

L'incarnation, comme le nom l'indique, vous demande de vous incarner complètement dans la matière afin de vivre pleinement l'expérience terrestre, expérimenter le niveau de conscience du succès et attirer à vous tout ce que vous voudrez dans la matière. Pour y arriver, vous aurez à sortir de votre cocon et de vous assumer pleinement dans toutes les sphères de votre vie, incluant d'assumer votre valeur et le revenu correspondant. C'est ici que le dicton *Vos bottines suivent vos babines !* s'applique.

ÉTAPE 5 : LA CONTRIBUTION

Vous déployez enfin vos ailes. Vous expérimentez le niveau de conscience du service et vous rayonnez enfin pleinement dans votre mission. Vous brillez, vous inspirez, vous élevez les consciences. Vous contribuez et vous changez le monde.

Enfin, vous aurez à parcourir ces cinq étapes, et ce, peu importe ce que vous voulez attirer dans votre vie, incluant l'Argent. Ainsi, la seule question à vous poser est la suivante : « Qui dois-je Être pour attirer ______ $ par année ? » C'est à partir de ce moment-là que la transformation pourra commencer.

La dimension du Faire

Cette deuxième dimension est capitale puisqu'elle comprend tout ce que vous ferez et que vous développerez pour incarner votre réponse à la fameuse question énoncée précédemment.

Si vous êtes salarié, comparativement à si vous êtes en affaires, la plus grosse différence se situera probablement au niveau des possibilités, qui ne seront pas infinies mais plutôt dictées selon un cadre bien déterminé par l'entreprise pour laquelle vous travaillez. Vous aurez donc à trouver votre voie à travers ce cadre. Vous aurez la possibilité de réaliser votre mission dans une certaine mesure, encore une fois orientée selon les possibilités offertes par votre employeur. Assurez-vous de faire partie d'une organisation qui porte une mission, une vision et des valeurs similaires, voire compatibles aux vôtres.

Malgré tout, les possibilités offertes seront toujours imposées par un cadre extérieur, ce qui ne vous permettra jamais de déployer vos ailes complètement ni de réaliser votre mission dans sa plus grande expression. Cependant, dans les dernières années, certaines entreprises avec des modèles d'affaires inspirants et non conventionnels ont vu le jour. Celles-ci semblent offrir des possibilités nouvelles, alors restons dans le tout est possible!

Votre défi sera donc de saisir toutes les opportunités possibles au sein de l'entreprise pour laquelle vous travaillez afin de vous développer, de vous réaliser davantage et, éventuellement, augmenter votre valeur. C'est ainsi que vous serez en mesure d'accéder à un revenu supérieur, soit par une promotion dans l'entreprise pour laquelle vous travailler actuellement, soit un nouveau travail dans le même domaine où vous pourrez servir davantage, soit par une réorientation de carrière. Optez donc pour des formations et coachings qui vous permettront de développer vos habiletés, forces, compétences, leadership, confiance, intelligence émotionnelle, etc. Gardez en tête vos grandes visions ainsi que vos objectifs de carrière et orientez votre développement en fonction de les manifester.

Si vous êtes en affaires, alors le monde de tous les possibles s'ouvre à vous. Pourquoi? Parce que votre entreprise est d'abord le prolongement de vous-même. Ainsi, si vous n'aimez pas votre chiffre d'affaires, vous aurez nécessairement à vous transformer pour l'augmenter par la suite. Être en affaires est donc, à mon avis, la plus grande quête spirituelle qui peut vous être donnée de vivre. Je dirais même plus, c'est même le moyen le plus puissant de réaliser votre mission dans sa plus grande expression, passant continuellement d'un niveau d'expansion à un autre, comme d'un chiffre d'affaires à un autre.

Mais je vous avoue que je suis loin de toujours avoir vu les choses de cette façon. Au contraire, pendant longtemps, je me suis demandé comment faire pour avoir, moi aussi, du succès en affaires. Je croyais profondément qu'il me manquait une autre stratégie d'affaires pour y arriver, alors je m'inscrivais à tous les programmes que je voyais passer. J'ai dépensé beaucoup plus d'Argent que vous ne pouvez l'imaginer!

J'appliquais à la lettre toutes les stratégies qu'on m'enseignait, suivant les étapes de ladite « recette » à la perfection comme une bonne élève. J'espérais tellement voir le gâteau enfin lever !!! Mais j'étais loin du compte ! Je n'obtenais pas du tout les mêmes résultats ! Voire, pas de résultat du tout ou presque !

J'étais tombée dans le piège, moi aussi. Le piège de l'entrepreneur débutant qui recherche la pilule magique pour doubler, voire tripler ou plus son chiffre d'affaires. J'ai payé cher en formations et en coachs avant de comprendre que toutes les stratégies d'affaires sont bonnes seulement si elles sont alignées et que c'est la seule façon d'obtenir des résultats durables.

C'est ce qui explique à quel point c'est essentiel de travailler d'abord sur l'entrepreneur en vous, l'Être, bien avant de travailler sur votre entreprise, le Faire. Car vous savez, il est facile de vous étourdir longtemps dans le Faire, sans être vraiment efficace dans ce que vous faites. Faire pour Faire n'est jamais payant.

Maintenant, imaginez mettre le Faire au service de votre Être, Faire pour Être plus ou, si vous préférez, Être dans l'action au lieu de Faire… Ainsi, tout ce que vous ferez répondra à qui vous voulez Être. Les résultats que vous obtiendrez seront totalement différents.

Enfin, si vous ne savez pas quoi Faire ou encore quelle stratégie d'affaires mettre en place actuellement, revenez à la base. Rappelez-vous que votre entreprise part de l'Être vers le Faire et posez-vous à nouveau la fameuse question : « Qui je dois Être pour attirer et manifester ______ $ par année ? » C'est à partir de vos réponses que vous serez en mesure d'Être dans l'action.

Vous réaliserez, entre autres, que vous avez besoin de passer au prochain niveau d'expansion de votre Être et d'élever votre valeur pour pouvoir accéder au prochain revenu ou chiffre d'affaires.

Pour y arriver, bien sûr, vous aurez à vivre les cinq étapes de la transformation à travers lesquelles vous devrez développer de nouvelles expertises et compétences. Vous aurez de nouvelles stratégies à maîtriser et de nouvelles actions à poser. Vous aurez aussi de nouveaux outils, de nouvelles habiletés à vous approprier, tout comme de nouvelles connaissances à intégrer.

Vous voyez que la réponse à « quelle stratégie choisir ? » est beaucoup plus vaste que vous ne pouvez l'imaginer... Alors, mettrez-vous en place un nouveau service ? Créerez-vous un nouveau produit ? Un ebook ? Une série de vidéos ? Un podcast ? Un webinaire ? Un programme de coaching de groupe ? Ou plutôt en privé ? Vous pouvez Faire tellement de choses. Encore une fois, les possibilités sont infinies ! D'où l'importance de revenir encore plus sur qui vous voulez Être !

Rappelez-vous, est-ce que la stratégie est bien alignée avec vous et vos valeurs ? vos forces et vos dons ? vos visions et votre mission ? vos besoins et vos AF ? Assumez-vous pleinement la stratégie en question ? Je peux vous dire que, lorsque la réponse à toutes ces questions est « oui ! », tout est beaucoup plus simple et facile. Par exemple avec ma Dirigeante, je sais que, si je crée de la valeur, c'est *100 % Alignée* pour moi, alors c'est ce que je fais continuellement. C'est, entre autres, ce qui fait que ma valeur et celle de mon entreprise augmentent constamment.

Voilà, encore une fois, afin de gagner plus d'Argent, vous serez appelé à vivre la transformation nécessaire et correspondante au prochain niveau d'expansion. Impossible de passer à côté !

La dimension de l'Avoir

C'est dans la dimension de l'Avoir que vous attirez et que vous manifestez dans la matière. C'est en transformant votre relation avec l'Argent que vous pourrez le plus rapidement possible obtenir des résultats tangibles dans l'Avoir, et ce, dans toutes les sphères de votre vie. Vous pourrez donc récolter les fruits tant attendus, que ce soit de l'Argent, une promotion, de nouveaux clients, une nouvelle carrière, une nouvelle maison, un nouveau partenaire de vie, etc. Et comme l'objet de ce livre porte uniquement sur la relation avec l'Argent, la dimension de l'Avoir est très présente, ainsi les prochains chapitres y seront consacrés.

L'harmonisation des trois dimensions

C'est en vous transformant dans les trois dimensions que celles-ci pourront s'harmoniser et vous faire passer au prochain niveau d'expansion. C'est donc d'abord en déterminant qui vous voulez Être, qui vous avez à Être ou encore qui vous êtes destiné à Être, et ce, autant dans votre vie, votre travail ou dans votre entreprise, que vous amorcerez votre transformation. Ensuite, vous avez à vous développer pour devenir cet Être, cette nouvelle version de vous-même. Vous avez donc à Faire ce qui est nécessaire en vous développant et en mettant en place des stratégies qui seront alignées avec vous pour y arriver.

Enfin, c'est en transformant votre relation avec l'Argent, au niveau de l'Avoir que la transformation sera complétée. L'harmonie qui en résultera représentera une certaine valeur, votre nouvelle valeur, laquelle se manifestera dans la matière par un certain revenu ou chiffre d'affaires. C'est donc seulement à la toute fin que vous serez en mesure de récolter les fruits de votre transformation et d'obtenir ce que vous voulez, (lire ici, ce que vous valez!) que ce soit en Argent ou en succès dans une sphère ou une autre de votre vie.

Rappelez-vous qu'Avoir est une récompense et non plus un moyen pour y arriver. Ainsi, votre augmentation de revenu sera la récompense ou le résultat final correspondant à l'ampleur et à la profondeur de votre transformation. La transformation est donc le point de départ alors que l'Argent est le point final de la transformation. Ainsi, si ça bloque quand vous voulez de l'Argent, c'est un signe que vous avez nécessairement à vivre la transformation pour libérer ce qui bloque. Plus vous vous transformez, plus vous pourrez passer aux prochains niveaux d'expansion et gagner plus d'Argent. Les possibilités sont infinies!

À noter: bien que je vous présente ces trois dimensions de façon linéaire, gardez en tête que vous vous promènerez régulièrement de l'une à l'autre puisque votre transformation se fait de façon circulaire. Ainsi, d'un côté, vous pourrez être en train de libérer quelque chose dans la dimension de l'Être en même temps que de mettre en place une nouvelle stratégie dans le Faire, tout en travaillant votre mindset avec l'Argent dans l'Avoir.

Si, par contre, vous privilégiez une transformation dans une seule dimension, vous vous retrouverez comme bien des gens, avec un décalage disproportionné entre celles-ci. Vous ne pourrez pas atteindre le prochain niveau d'expansion, ni augmenter votre revenu ou votre chiffre d'affaires, puisque l'harmonisation ne pourra pas avoir lieu. Impossible de passer au prochain niveau d'expansion dans une dimension et laisser les deux autres où elles étaient au départ. Imaginez si chaque niveau d'expansion correspond à une marche d'escaliers, vous vous retrouvez alors un pied sur chaque marche.

D'ailleurs, c'est le cas de la majorité des femmes en général, et encore plus chez les entrepreneures dans le domaine de la spiritualité et les hommes qui ont un côté féminin plus fort. Ceux-ci vont carburer aux formations en en prenant plusieurs par année, lesquelles sont toutes plus intéressantes les unes que les autres, touchant autant au mieux-être, au développement personnel qu'à la spiritualité.

Ne vous en faites surtout pas si vous vous reconnaissez, j'ai déjà été là, moi aussi. Ne basculez pas dans la culpabilité, vous venez juste de prendre conscience qu'il est temps de changer de stratégie.

Alors, si vous êtes dans cette situation, la bonne nouvelle, c'est que ces formations amèneront nécessairement votre pratique professionnelle à un autre niveau. La mauvaise cependant, si vous n'investissez pas autant sinon plus dans les deux autres dimensions, vous serez un expert dans votre bureau en manque flagrant de clients et d'Argent! Et avec les années, cet écart prendra de l'expansion, vous tirant davantage vers le doute, l'insécurité et le manque.

Par contre, si vous êtes en mesure de rentabiliser chacune de vos formations en les intégrant dans vos services et d'avoir une pratique professionnelle complète en clients, vous jouerez sur un tableau de jeu complètement différent. Pour y arriver, vous aurez à vous investir autant financièrement qu'en temps et énergie dans chacune des trois dimensions. Vous aurez donc à développer autant votre entreprise que l'entrepreneur en vous, et non de travailler uniquement dans votre entreprise en tant qu'expert qui reçoit les clients.

Et je prends un moment pour prêcher pour ma paroisse, mais je n'y échappe pas, moi non plus. Je suis toujours accompagnée par plusieurs coachs pour chacune des dimensions. Bien sûr, en étant accompagné par un coach d'affaires aligné avec vous, avec qui vous partagez des visions, des valeurs similaires, et qui a déjà dépassé vos objectifs financiers, vous mettez toutes les chances de votre côté pour appliquer de nouvelles stratégies d'affaires qui vous permettront d'atteindre les vôtres rapidement. Enfin, vous aurez également à changer votre mindset et à transformer votre relation avec l'Argent.

La vitesse de la transformation

Malheureusement, il n'existe pas de pilule magique pour gagner plus d'Argent rapidement puisque tout changement dans la matière nécessite d'abord une transformation. Celle-ci se fait toujours de l'intérieur vers l'extérieur et se manifeste d'abord dans l'énergie avant de se manifester dans la matière. Le meilleur exemple que je peux vous donner, c'est une grossesse. Il peut y avoir quelques mois d'essais puis généralement neuf mois avant l'accouchement, donc avant de voir les résultats dans la matière. C'est la même chose pour vous. Vous devez vous laisser du temps. Vous ne pouvez pas aller plus vite que la musique ni tirer sur les racines pour que les fleurs poussent plus vite!

Par contre, il existe plusieurs vitesses auxquelles vous pouvez vous transformer et manifester dans la matière. De mon côté, je ne connais que la vitesse de la lumière pour y arriver! C'est ainsi que je vis chacune de mes transformations et que je passe d'un niveau d'expansion et d'un chiffre d'affaires à un autre. D'ailleurs, on me demande souvent comment je fais pour faire ce que je fais, avancer malgré les tourbillons de la vie et tenir le cap à travers tous les défis. Eh bien, la réponse est simple, je n'ai pas le temps d'attendre! Je vous raconte…

Quand je me suis réveillée le matin de mes 33 ans pour réaliser que, si je mourrais aujourd'hui (à l'âge du Christ, drôle d'ancrage quand même, mais bon, je peux vous dire que ça frappe!), j'aurais totalement échoué ma mission, gaspillé mon temps et je serais passée complètement à côté, ça a fait mal. Très mal. Je m'en voulais à mort. Oui, c'est assez contradictoire. Je bouillais de rage envers moi-même.

C'est à ce moment-là que j'ai pris conscience que j'étais la seule responsable d'où j'étais rendue dans ma vie et que, si je voulais que les choses changent, ça devait passer par moi. Sans même savoir où ça me mènerait, j'ai amorcé ma transformation, ou plutôt un *contre-la-montre*, car je devais me transformer « pour hier », ne sachant pas quand serait ma dernière journée sur terre. Tout un défi avec deux enfants en bas âge et un travail à quatre jours/semaine. Je me suis lancée dans bien des formations, puis une entreprise, pour avoir ensuite un troisième enfant.

Avançant de plus en plus rapidement sur la spirale d'évolution[3], ma transformation est devenue de plus en plus profonde et intense par la suite. À partir de 2017, elle s'est accélérée pour atteindre la vitesse de la lumière ! Et la pandémie de 2020 est venue y mettre sa touche finale.

Ainsi, dix ans plus tard, j'avais tout libéré, tout transcendé, tout transformé pour être qui je suis aujourd'hui, *100 % Alignée 100 % Assumée* ! Non, ce n'est pas simplement le titre de mon premier livre, je vibre ce mantra profondément dans chacune de mes cellules depuis bien avant sa sortie. Je peux dire que j'ai réussi. J'oserais même avouer : j'ai réussi l'impossible ! C'est comme si j'avais pris le paquebot qui allait vers le nord pour le faire tourner de 180 degrés et l'amener vers le sud. Et dans les faits, c'est exactement ce qui est arrivé !

Ma vie a complètement changé, c'est ainsi que…

- J'ai quitté le réseau de la santé pour réaliser mes grandes visions, vivre de ma mission et apporter ma contribution au monde à la hauteur de mes aspirations.
- Je me suis guérie de la polyarthrite rhumatoïde, une maladie dégénérative et supposément incurable, pour laquelle on me prédisait la chaise roulante.
- J'ai maigri de 37 kg (80 lb).
- J'ai abandonné la canne pour recommencer à patiner et même monter une première montagne ! Deux exploits !
- Malgré le fait que le père de mes enfants et moi sommes « démariés », nous avons quitté le nord, l'Abitibi, en famille pour nous installer d'abord dans les Laurentides.

---

3 *Ibid.*

- De mon côté, j'ai poursuivi mon chemin sur la Rive-Sud de Montréal. Non seulement j'ai retrouvé la ville coup de cœur de mon adolescence, mais j'ai aussi trouvé l'amour et j'y ai déposé mes valises pour bâtir une nouvelle vie avec mon amoureux et nos quatre enfants à deux.
- J'ai créé un nouveau modèle familial où mon amoureux, le père des enfants et moi se partageons une coparentalité des plus harmonieuses.

Vous savez, c'est fou ce qu'on peut accomplir quand on avance avec la mort dans l'angle mort ! Je vous garantis que c'est le plus grand moteur de changement ! Imaginez qu'aujourd'hui soit votre dernière journée sur terre, seriez-vous fier de vous ? C'est ma plus grande motivation. Pour vous donner une image de l'intensité que ça peut représenter, c'est un peu comme se faire dire qu'il ne nous reste qu'une année à vivre, une année pour tout accomplir. Comme le temps est compté, la motivation est au maximum pour s'accomplir et se réaliser pleinement.

D'ailleurs, ça me rappelle un moment où je disais à mes enfants : « Maman n'a plus le temps de mourir ! (Alors que dans les bas-fonds de la maladie, je n'attendais que ça.) Elle a trop de choses à accomplir avant de partir ! Mais si jamais mon billet de retour arrivait plus vite que souhaité, je rentrerais à la maison avec fierté en disant mission accomplie ! »

Vous savez, toute cette transformation relève du miracle car, au départ, jamais je n'aurais cru que c'était possible. C'était trop gros, trop ambitieux, trop irréaliste. Je ne m'étais même pas autorisée à viser si haut. Ce que j'ai vécu comme transformation a été bien au-delà de toutes mes attentes.

Maintenant que tout a été accompli… Eh bien, c'est loin d'être fini. Ma vie est encore bien remplie de défis et de passages obligés puisque ma transformation se poursuit à un autre niveau. C'est ainsi que je surfe sur la grande spirale de l'évolution, que je vis chacune de mes transformations et que je passe d'un niveau d'expansion et d'un chiffre d'affaires à un autre.

Et parce que je n'ai pas le temps d'attendre (lire ici, pas le temps d'attendre pour briller, ne sachant pas quand sera ma dernière journée sur terre), alors je n'ai qu'une seule vitesse de transformation, celle de la lumière ! Attention ! À cette vitesse, vous devez savoir que les passages obligés et le chaos associés à la transformation sont de nature beaucoup plus intense, à l'image d'une tornade ou d'un tsunami. Si vous la choisissez, vous devez être prêt à toute éventualité. Vous ne pouvez jamais choisir seulement le bon côté de la médaille, l'envers suivra toujours avec.

Bref, il y a donc plusieurs facteurs qui font que vous vous transformerez et que vous manifesterez plus ou moins vite, notamment :

- l'urgence de la situation qui la rend intolérable à vos yeux ;
- le stress et l'insécurité financière ;
- le nombre de dimensions dans laquelle vous vous transformez en même temps ;
- l'ampleur de tout ce qui a à libérer, incluant les patterns, blessures et mémoires, peurs, croyances, blocages, épreuves, etc. ;
- la vitesse à laquelle vous vous alignez avec vos valeurs, visions, dons, besoins de votre âme, AF ainsi qu'avec votre mission ;
- le mindset que vous cultivez jour après jour ;
- votre niveau d'incarnation terrestre ;
- votre taux vibratoire et votre niveau de rayonnement ;
- votre foi et votre connexion avec l'Univers.

Finalement, si vous n'atteignez pas le revenu ou le chiffre d'affaires que vous voulez, c'est signe que vous tournez en rond soit dans une dimension, soit dans l'une des cinq étapes de la transformation, soit vous êtes en constante libération, vous avez peur de sortir de votre zone de confort, vous n'êtes pas aligné avec qui vous êtes vraiment, vous ne vous assumez pas pleinement ou encore vous vous transformez seulement dans une ou deux dimensions.

Rappelez-vous que vous devez absolument parcourir les cinq étapes de la transformation, et ce, dans les trois dimensions pour manifester dans la matière votre revenu ou votre chiffre d'affaires et, éventuellement, accéder à la liberté financière. Enfin, voyez votre revenu ou votre chiffre d'affaires comme le résultat de votre transformation. Je dirais même plus, comme l'expression même de votre valeur dans la matière. Mais avant de vous en dire davantage, prenons le temps de découvrir comment les AF lèvent le voile sur votre relation avec l'Argent.

CHAPITRE 2

COMMENT VOS ARCHÉTYPES FINANCIERS LÈVENT LE VOILE SUR VOTRE RELATION AVEC L'ARGENT

« Ce n'est pas votre faute si vous êtes né pauvre. En revanche, si vous mourrez pauvre, c'est votre erreur. »

BILL GATES

Depuis le début de votre lecture, vous avez certainement remarqué l'utilisation de certains mots me décrivant, d'une façon ou d'une autre, dans ma relation avec l'Argent : ma Dirigeante, mon Accumulatrice, mon Insoumise et mon dernier AF : ma Romantique. Ce sont les quatre Archétypes Financiers (AF) qui me définissent et qui influencent directement ma relation avec l'Argent. Comme mentionné au chapitre précédent, ceux-ci figurent parmi les six piliers pour être *100 % Aligné 100 % Assumé*. Ils constituent également la base de la stratégie d'alignement, la mienne, celle de mes clients et éventuellement la vôtre.

Tout d'abord, l'Archétype en soi est un concept qui a été élaboré par le célèbre psychiatre suisse Carl Gustav Jung[4]. Au fil du temps et des époques, les archétypes ont été repris et utilisés de maintes et maintes façons. Kendall Summerhawk[5], coach d'affaires de renommée internationale a, pour sa part, créé sa propre méthode pour utiliser les Archétypes au niveau financier.

Les AF sont donc considérés comme des personnalités, des avatars ou des personnages que vous portez en vous dont chacun possède des traits de caractère bien spécifiques. Au total, il y a huit AF qui sont représentés dans le schéma suivant.

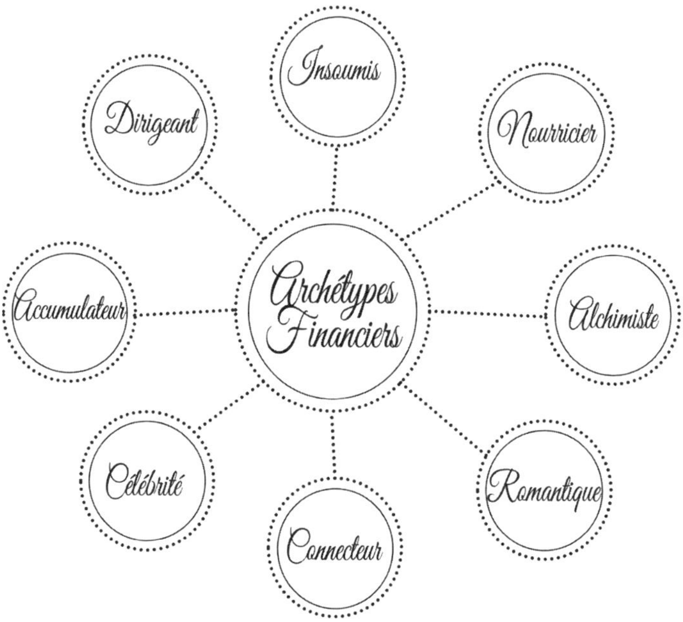

LES ARCHÉTYPES FINANCIERS[6]

---

4 https://www.55icones.com/les-archetypes/

5 *Sacred Money Archetypes® http://www.kendallsummerhawk.com/*

6 *Ibid.*

De ces huit AF, quatre sont davantage terrestres et axés sur les résultats, soit le Dirigeant, l'Insoumis, l'Accumulateur et le Nourricier, alors que le Romantique, l'Alchimiste, le Connecteur et la Célébrité sont davantage célestes et orientés sur les relations. Chaque personne est donc représentée par quatre AF, dont trois sont prédominants et un est sous-développé. Voici quelques mots sur chacun d'eux.

Le Dirigeant, c'est le créateur d'empires. Il est visionnaire, courageux et déterminé. Il veut changer le monde en créant de la valeur partout où il passe. Par contre, comme il n'est jamais satisfait et qu'il n'en a jamais assez, il est généralement *workaholique*, à risque de surmenage et, éventuellement, d'épuisement. Son plus grand défi : avancer dans la grâce, la joie et la facilité.

L'Insoumis, c'est le rebelle, le créateur, l'artiste qui marche constamment sur le chemin d'à côté, lui permettant ainsi de se démarquer davantage. Il carbure à ses passions, ayant toujours un nouveau projet, une nouvelle création en cours. Il est prêt à prendre beaucoup de risques pour vivre de son art, jusqu'à compromettre sa sécurité financière. Atteindre un certain niveau d'équilibre financier en rentabilisant ses projets fait partie de ses défis, comme de s'assumer pleinement, ayant tendance à se plier et à se soumettre facilement aux autres.

L'Accumulateur, c'est le planificateur, l'économe ou le comptable. Il s'assure et s'inquiète même d'arriver financièrement, d'abord en nivelant par le bas, coupant au maximum dans les dépenses. Investir ne faisant pas partie de ses options à première vue, ce sera pourtant ainsi qu'il pourra créer le plus rapidement sa liberté financière.

Le Nourricier, c'est autant « mère Teresa », qui veut prendre soin de tous, voire se sacrifier pour sauver le monde, que l'enseignant qui veut transmettre tout son savoir. Pour y arriver, il devra apprendre à dire non, à mettre ses limites et à rester connecté à sa puissance. C'est de loin l'AF que je vois le plus souvent chez les femmes entrepreneures comme chez les hommes avec un côté féminin plus fort.

Le Romantique, c'est un épicurien dans l'âme, profitant du plaisir au maximum et ne se souciant aucunement de sa sécurité financière. Bien qu'il croie qu'il y aura toujours de l'Argent et qu'il soit généreux, il doit apprendre à bien gérer son Argent de façon à assurer son avenir financier afin de pouvoir profiter de tous les moments encore longtemps.

L'Alchimiste, c'est un magicien qui attire l'Argent de mille et une façons, que ce soit par un héritage, un remboursement d'un montant payé en trop, un cadeau, etc. Ayant à cœur d'améliorer le sort de la planète, il voit toutes les possibilités. Générant ainsi des milliers d'idées pour transformer le monde, il finit par se perdre littéralement dans celles-ci, expérimentant de grandes difficultés à les manifester et à atteindre un certain succès financier.

Le Connecteur, c'est souvent le roi du 5 à 7 ou la reine de la connexion humaine. Toutefois, cet AF se demande régulièrement ce qu'il fait sur la terre et pourquoi l'Argent existe, perdant ainsi toute sa puissance. Il aurait de loin préférer rester de l'autre côté du voile, allant même jusqu'à refuser son incarnation terrestre dans bien des cas. Pour lui, rien n'est plus important que les relations qu'il entretient. Il s'imagine donc bien difficilement utiliser ses relations pour améliorer sa situation financière et atteindre l'indépendance financière, alors que c'est la voie à privilégier pour y arriver.

Et pour finir, la Célébrité. Ayant une personnalité magnétique, rayonnante et flamboyante, il est un leader naturel qui a à cœur d'aider les autres à sortir de la foule. Véritable centre d'attention, il est constamment à la recherche de l'amour et de la reconnaissance du public. Cependant, dépensant de façon compulsive afin de combler un grand vide intérieur, il devra apprendre d'abord à s'aimer soi-même et à se reconnaître à sa juste valeur.

Voilà, vous avez donc maintenant une meilleure idée des huit AF et, peu importe quels sont les vôtres, ils sont tous égaux. Notamment, ils ont tous des forces, des qualités et des dons à exprimer. Bien entendu, ils viennent aussi avec l'envers de la médaille. Ainsi, ils ont également des points à améliorer et comportent des défis à réaliser. Aucun n'est donc meilleur qu'un autre, chacun portant une part égale d'ombre et de lumière.

Pour découvrir vos AF, c'est simple et ça se fait à partir d'un test que seul les coachs certifiés[7] dont je fais partie peuvent utiliser. Je vous accompagne par la suite à vous aligner avec vos AF. Notez bien, pour les Insoumis qui sont déjà allés fouiner en ligne pour trouver un test gratuitement, sachez que le fait de savoir vos AF peut prendre quelques minutes. Bien sûr, votre mental sera satisfait au plus haut point. Toutefois, si votre réelle intention est de transformer votre relation avec l'Argent pour en gagner plus, alors vous avez à les incarner pleinement, ce qui peut prendre des semaines, voire des mois de pratique et des années, surtout si vous visez la liberté financière. Et parce que vos AF suivront eux aussi la spirale d'évolution, ils passeront continuellement d'un niveau d'expansion à un autre.

La meilleure stratégie à adopter pour transformer votre relation avec l'Argent est donc de bien comprendre vos AF, leurs forces, leurs dynamiques afin de les harmoniser, de même que les pièges à éviter. Ainsi, non seulement vous vous alignerez avec vos AF, mais avec de la pratique quotidienne, vous serez en mesure de les incarner complètement dans la matière en les assumant pleinement. Là réside le réel défi qui vous permettra

---

7 Certification *Sacred Money Archetypes® Certified Coach* par www.kendallsummerhawk.com

d'atteindre éventuellement la liberté financière, le but ultime pour lequel ils ont été créés.

L'harmonisation vous permettra de vous assurer que vos AF travaillent bien pour vous et que votre AF n° 1 demeure bien le n° 1 en tout temps. Vous aurez également à incarner les forces et les dons du dernier AF. Bien que celui-ci soit sous-développé et vienne avec des défis supplémentaires pour tout le monde, il constitue la voie ultra-rapide pour atteindre la liberté financière.

Par exemple pour tous les *workaholiques* de ce monde, qui sont des Dirigeants en pleine puissance, le dernier AF fera souvent référence à travailler moins, à profiter de la vie et à avoir du plaisir. D'un autre côté, ceux qui ont la Célébrité en dernier, — comme c'est souvent le cas chez les entrepreneures spirituelles —, ils feront tout ce qu'ils peuvent pour rester bien cachés, alors que les enjeux auxquels ils font face sont de taille. Pas de visibilité, pas de clients ! Pas de clients, pas de chiffre d'affaires !

D'ailleurs, je me rappelle l'une de ces femmes. Bien qu'elle eût des défis avec sa relation avec l'Argent, elle ne semblait pas avoir de problème avec la Célébrité à première vue, du moins tant qu'elle n'avait pas à se mettre elle-même en valeur. Elle avait une facilité déconcertante à parler et à présenter ses produits. Ainsi, tout son modèle reposait exclusivement sur eux. Rien à propos d'elle. Elle s'est donc retrouvée à l'extrême complètement du modèle d'affaires aligné avec elle. Après avoir découvert ses AF et avoir compris l'ampleur de la situation, elle commença tout doucement à être de plus en plus visible et à se mettre en lumière et en valeur avant tout.

À l'inverse, je me rappelle une entrepreneure qui a aujourd'hui passé le cap des 70 ans et qui est toujours active. En plus d'avoir fait trois maîtrises, elle a occupé plusieurs postes dans différents domaines, tous plus importants les uns que les autres. Entre autres, elle a été gestionnaire, mairesse en plus d'enseigner à l'Université. Elle a été bien en avance sur son temps durant toute sa carrière alors que les femmes étaient à la maison à cette époque. Elle a pleinement assumé sa Célébrité toute sa vie, tout comme son Insoumise et sa Romantique. Ainsi, sans le savoir, en assumant ses AF, elle s'est assuré un parcours glorieux. Bravo!

De plus, les AF sont transposables dans toutes les sphères de votre vie puisque la relation que vous entretenez avec l'Argent démontre la façon que vous entretenez aussi vos relations avec le reste du monde. Ainsi, chaque AF, de même que la dynamique existante entre eux, aura non seulement une influence et un impact majeurs sur votre relation avec l'Argent, mais tout autant sur votre travail, votre entreprise, vos relations interpersonnelles que sur les autres sphères de vie: la famille, le couple, les amitiés, l'environnement physique et matériel, etc.

Par exemple, un Accumulateur aura tendance à tout accumuler, d'un côté comme de l'autre. Ainsi, soit il accumule de l'Argent, de la liberté, de l'amour et de l'abondance sous toutes ses formes, soit il accumule des peurs, des inquiétudes, du manque à tous les niveaux, des formations, des livres, des objets, des problèmes de santé et même du poids! À ce sujet, je peux vous confirmer que, si j'ai réussi à maigrir autant, près de 40 kilos en deux ans, c'est grâce à mes AF. J'avais une harmonisation parfaite entre eux, lesquels voulaient tous que je sois prête à donner des conférences en personne. Pour y arriver, j'avais à être *100 % Alignée 100 % Assumée* jusque dans mon corps, et c'est ce que j'ai fait.

Les AF sont donc d'une puissance phénoménale et se démarquent par leur côté pratico-pratique, comparativement à d'autres outils de développement personnel et professionnel qui ne s'appliquent pas de façon aussi concrète au quotidien. Ils vous apporteront un nouveau regard tout comme de nouvelles informations sur vous. En effet, ils vous révèleront exactement comment vous êtes: votre personnalité, votre attitude, vos comportements, vos forces, votre mindset et vos motivations. Vous serez également davantage en mesure de comprendre vos réactions face à différentes situations difficiles et défis de la vie.

De mon côté, avec un pas de recul, je comprends maintenant comment ma relation avec l'Argent a évolué avec les années. J'ai compris que, tant que tout allait bien dans mon enfance, ma Dirigeante avançait joyeusement dans son chemin. Puis, après le divorce de mes parents, le tableau financier familial ayant basculé dans l'instabilité, mon Accumulatrice a rapidement commencé à prendre le dessus, bien sûr avec l'insécurité financière. C'est probablement ce qui a fait que je me suis dirigée dans le réseau de la santé au départ. La sécurité était bien alléchante pour mon Accumulatrice.

Avec les années, par contre, ma Dirigeante n'en pouvant plus de se faire diriger a commencé à manifester son insatisfaction et mon Insoumise, son besoin viscéral de liberté et de création. Après bien des échanges houleux entre mon Accumulatrice qui ne voulait pas quitter son fonds de pension et mon Insoumise qui voulait donner sa démission, la Dirigeante a tranché. L'Accumulatrice a négocié pour un filet de sécurité et puis je me suis lancée ! Depuis, je surfe sur la spirale d'évolution, passant d'un niveau d'expansion à un autre ! D'un niveau de chiffre d'affaires à un autre ! Et je vous en souhaite autant !

Je crois profondément que vos AF vous permettront de transformer votre relation avec l'Argent à une vitesse que vous ne pouvez même pas imaginer et, ainsi, d'avoir un impact réel et majeur sur votre revenu. Sans savoir exactement sous quelle forme, gardez en tête que vous pouvez obtenir des rentrées d'Argent imprévues, un héritage, tout comme avoir une augmentation de salaire, une promotion, une opportunité pour un nouvel emploi mieux rémunéré et correspondant davantage à la nouvelle version de vous-même, ou encore une opportunité d'affaires que vous ne pourrez refuser.

En effet, en affaires, les AF vous permettront de vous démarquer complètement de la compétition et d'atteindre beaucoup plus facilement votre chiffre d'affaires en mettant en place des stratégies d'affaires uniques, *100 % Alignées 100 % Assumées* avec vous et en transformant complètement votre mindset et votre relation avec l'Argent.

C'est d'ailleurs ce qui m'a permis d'augmenter mon chiffre d'affaires de 100 000 $ par année depuis 2017. C'est aussi ce qui a permis à une cliente d'attirer à elle une deuxième maison qu'elle a convertie pour offrir ses services, lesquels ont explosé, puis de réaliser l'un de ses rêves : s'acheter un cheval ; et à une autre cliente, de se lancer dans l'immobilier.

Finalement, pour toutes ces raisons, je ferai donc régulièrement référence aux AF tout au long du présent ouvrage. J'espère que vous aurez autant de révélations, sinon plus, au sujet de votre relation avec l'Argent que j'en ai eu. Je vous annonce que j'en ai encore ! Mais pour le moment, poursuivons donc avec le passé et découvrons l'impact qu'a pu avoir le passé sur votre relation avec l'Argent.

CHAPITRE 3

COMMENT LE PASSÉ CONTAMINE VOTRE RELATION AVEC L'ARGENT

« Si vous voulez être libre de vos finances, vous devez devenir une personne différente de celle que vous êtes aujourd'hui et abandonner tout ce qui vous a retenu dans le passé. »

ROBERT KIYOSAKI

Jusqu'à présent nous avons vu à quel point l'Argent est un sujet tabou, pourquoi le problème avec l'Argent n'est jamais l'Argent, pourquoi les choses bloquent quand vous voulez de l'Argent et comment vos AF lèvent le voile sur votre relation avec l'Argent. Nous allons maintenant regarder comment votre relation avec l'Argent a été contaminée par le passé, notamment à travers son histoire, la religion, l'Église et l'État. Par ailleurs, veuillez noter que je vais m'en tenir qu'à la religion catholique puisqu'elle fait partie de mes origines. De plus, aucune recherche exhaustive n'a été faite sur le passé, c'est davantage ma vision et mon interprétation des faits que je partagerai avec vous.

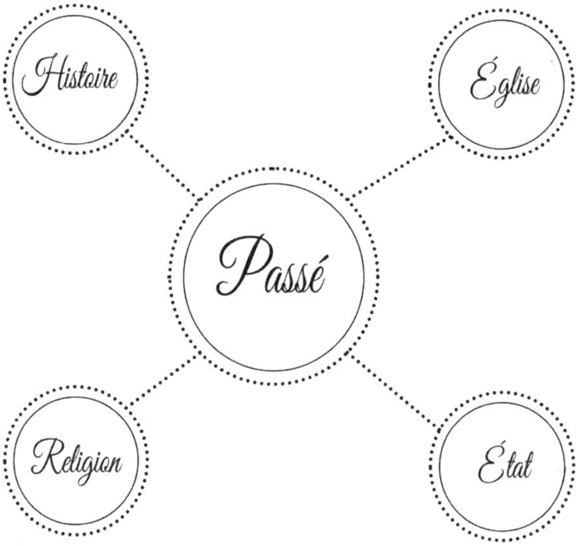

LES DIFFÉRENTS ÉLÉMENTS QUI CONSTITUENT LE PASSÉ

L'histoire de l'Argent

Sur des milliers d'années, l'Argent s'est transformé bien des fois, si bien qu'il a sa propre histoire[8]. Tout d'abord, pendant des siècles, le troc a été une façon de faire pour s'échanger des biens et services. Puis, la monnaie en métal a fait son apparition. S'ajouta ensuite la monnaie sous forme de papier, soit des billets et des chèques. Puis, les cartes de crédit jusqu'aux transactions électroniques telles que nous les connaissons de nos jours. Cette évolution de l'Argent ne fait que démontrer à quel point l'humain a voulu se faciliter la vie en repoussant constamment les limites et enjeux associés à chacune des formes de monnaie.

En effet, le troc a été le moyen d'échanges parfait jusqu'au jour où il n'était plus en mesure de les favoriser. Imaginez

---

8 https://www.economie.gouv.fr/facileco/troc-a-largent

n'avoir que des poules à offrir et personne en vouloir… Les échanges se retrouvaient rapidement limités par le type et la valeur variés des offres et des demandes. L'arrivée de la monnaie en métal a donc permis de résoudre cet enjeu et de faciliter les échanges. Par contre, le métal ayant le désavantage d'être lourd, les gens devaient conserver leurs pièces de monnaie sur eux. L'arrivée de la monnaie papier a permis de résoudre l'affaire en allégeant poches et sacs à main.

Puis, l'arrivée d'Internet amena l'Argent à circuler librement via le web, dans une fluidité absolue, ce qui amena aussi des enjeux d'un nouvel ordre, soit les vols de données, d'identités et les fraudes. Même si les entreprises s'efforcent à mettre en place des mesures de sécurité de haut niveau, cette nouvelle réalité comporte des risques avec lesquels nous devons maintenant composer quotidiennement.

Peu importe l'époque, l'Argent a donc toujours été un facilitateur d'échanges. Préservant sa neutralité, seule sa forme a changé avec le temps. Ainsi, l'Argent a toujours et est encore aujourd'hui considéré comme une unité de mesure, laquelle sert à faciliter les échanges commerciaux, faire rouler l'économie et rendre l'humain plus libre.

La religion et l'Argent

La religion catholique, comme bien d'autres religions, est basée sur des valeurs humaines telles que le respect, l'entraide, le partage, l'amour et la paix. Ainsi, le message de Jésus[9] va dans ce sens :

« Je vous ai dit cela pour que ma joie soit en vous et que votre joie soit parfaite. Voici mon commandement : Aimez-vous les uns les autres comme je vous ai aimés. » (Jean 15, 11-12)

---

9 *Bible TOB.*

2021 ans plus tard, son message de base est toujours d'actualité. La société a besoin plus que jamais de l'incarner et la pandémie de 2020 est venue nous le rappeler d'une façon plutôt inattendue, hors du commun et des plus saisissantes.

Cependant, plusieurs passages bibliques font référence à l'Argent et sont peu reluisants. En premier lieu, la Bible associe clairement la pauvreté au royaume de Dieu et met en garde ceux qui auront de l'Argent :

« Alors, levant les yeux sur ses disciples, Jésus dit : Heureux vous les pauvres : le Royaume de Dieu est à vous ! » (Luc 6, 20)

« (...) tout ce que tu as, vends-le, distribue-le aux pauvres, et tu auras un trésor dans les cieux. (...) Qu'il est difficile à ceux qui ont les richesses de parvenir dans le Royaume de Dieu ! Oui, il est plus facile à un chameau d'entrer par un trou d'aiguille qu'à un riche d'entrer dans le Royaume de Dieu. » (Luc 18, 22-25)

De plus, les représentants de l'Église faisaient même vœu de pauvreté pour s'assurer l'accès aux cieux. Puis, la Bible condamne sévèrement l'amour de l'Argent, lequel ne doit pas être un but à atteindre :

« La racine de tous les maux, en effet, c'est l'amour de l'argent. Pour s'y être livrés, certains se sont égarés loin de la foi et se sont transpercé l'âme de tourments multiples. » (Timothée 6,10)

« Que l'amour de l'argent n'inspire pas votre conduite ; contentez-vous de ce que vous avez, car le Seigneur lui-même a dit : Non, je ne te lâcherai pas, je ne t'abandonnerai pas ! » (Hébreux 13, 5)

« Aucun domestique ne peut servir deux maîtres : ou bien il haïra l'un et aimera l'autre, ou bien il s'attachera à l'un et méprisera l'autre. Vous ne pouvez servir Dieu et l'Argent. » (Luc 16, 13-14)

Tout comme elle condamne également ceux qui possèdent de l'Argent :

« Aux riches de ce monde-ci, ordonne de ne pas s'enorgueillir et de ne pas mettre leur espoir dans une richesse incertaine, mais en Dieu, lui qui nous dispense tous les biens en abondance, pour que nous en jouissions. Qu'ils fassent le bien, s'enrichissent de belles œuvres, donnent avec largesse, partagent avec les autres. Ainsi amasseront-ils pour eux-mêmes un bel et solide trésor pour l'avenir, afin d'obtenir la vie véritable. » (1 Timothée 6, 17-19)

« Alors, vous les riches, pleurez à grand bruit sur les malheurs qui vous attendent ! Votre richesse est pourrie, vos vêtements rongés des vers, vos or et votre argent rouillent, et leur rouille servivra contre vous de témoignage, elle dévorera vos chairs comme un feu. Vous vous êtes constitué des réserves à la fin des temps ! Voyez le salaire des ouvriers qui ont fait la récolte dans vos champs : retenu par vous, il crie et les clameurs des moissonneurs sont parvenues aux oreilles du Seigneur Sabaoth. Vous avez eu sur terre une vie de confort et de luxe, vous vous êtes repus au jour du carnage. Vous avez condamné, vous avez assassiné le juste : il ne vous résiste pas. » (Jacques 5, 1-6)

Enfin, bien que Jésus porte à la base un message d'amour, à travers les différents passages bibliques, il est évident que la Bible condamne sévèrement l'amour de l'Argent comme ceux qui ont de l'Argent. Toutefois, gardez en tête que la Bible a été écrite il y a plus de 2000 ans… Si elle avait été écrite à l'époque actuelle, Jésus porterait probablement le même message d'amour, mais apporterait possiblement un tout autre regard sur l'Argent, considérant la réalité d'aujourd'hui, le coût de la vie et le niveau de connaissances que nous possédons. Les écrits bibliques doivent donc être interprétés dans le contexte de l'époque, et ce, même si les représentants de l'Église ont tout fait pour propager des croyances désuètes pendant trop longtemps, contribuant malheureusement à maintenir une relation plus que malsaine avec l'Argent pour la majorité de la population.

L'Église, l'État et l'Argent

Afin de comprendre comment la relation avec l'Argent a vraiment été contaminée par le passé, il est essentiel de revenir sur le contexte de l'époque, ici au Québec, où la conquête de territoires par les Français était signe de pouvoir et donc de survie, tout comme le nombre d'adeptes de la religion catholique qui habitaient ce territoire[10].

L'Église avait donc intérêt à évangéliser le plus de gens possible afin de maintenir un certain contrôle, tant sur les adeptes que sur le territoire. Plus l'Église comptait d'adeptes, plus elle avait d'Argent et pouvait manifester sa puissance par des églises symbolisant la richesse et le pouvoir. En fait, plus elle était puissante, plus elle pouvait également exercer son influence. C'est ainsi que l'Église et l'État ont pu s'associer. Leurs intérêts étaient communs. C'était une question de survie pour les deux. S'ils perdaient le territoire, ils risquaient de se faire assimiler par les Anglais, tant au niveau de la langue que de la religion. Ainsi, pendant longtemps, au Québec comme bien ailleurs dans le monde, l'Église et l'État ont fonctionné conjointement[11].

Au Québec, c'est vers la fin du 19e siècle que l'Église a commencé à s'impliquer massivement dans la société, et ce, gratuitement. C'est donc grâce aux représentants de l'Église, prêtres, frères, religieux et religieuses si les hôpitaux et les écoles se sont développés aussi rapidement au Québec. Ces personnes ont ainsi contribué activement à la création des différentes institutions publiques et des systèmes qui ont forgé les bases de la

---

10 https://sites.google.com/site/hecpouvoiretpouvoirs/2-le-pouvoir-et-les-pouvoirs-sous-le-regime-francais/e-vers-une-nouvelle-metropole-1755-1763

11 https://sites.google.com/site/hecpouvoiretpouvoirs/4-le-pouvoir-et-les-pouvoirs-du-canada-contemporain/4-relations-de-pouvoir/1-relations-de-pouvoir-entre-l-eglise-et-l-etat

société actuelle, tant au niveau de l'État, de la santé, de l'éducation, des services sociaux que de la justice. Eles ont contribué massivement à la scolarisation, à l'éducation tout comme à l'économie du Québec. Donc, gratitude à l'Église et à l'État qui ont travaillé de pair pour assurer la survie du peuple et bâtir la société telle qu'on la connaît aujourd'hui.

Cependant, en échange, l'État accordait à l'Église un droit d'exercer une influence et un contrôle sur la société. Par exemple, sous le gouvernement de Duplessis, l'Église influençait la population à voter pour l'Union Nationale, un parti reconnu pour la couleur bleue, avec un slogan plutôt évocateur: « Le Paradis est bleu et l'enfer est rouge »[12,13].

Puis, les prêtres sont devenus ministres. Notamment, le curé Antoine Labelle[14], entre autres, qui fut nommé ministre de la colonisation. Surnommé le « roi du Nord », il a contribué activement à la colonisation du Nord du Québec. Porté par ses convictions, ses valeurs, ses intentions et ses idées de grandeur, il était totalement engagé pour les causes qui lui tenaient à cœur. Encore aujourd'hui, beaucoup de rues et d'institutions portent son nom au Québec, en son honneur, tout comme plusieurs villes, hôpitaux et écoles portent le nom des saints.

Cependant, cette position qu'auront eu les représentants de l'Église au sein de l'État aura aussi permis à plusieurs, malheureusement, d'abuser de leur statut et de leur pouvoir afin de servir leurs propres intérêts personnels et financiers. C'est le cas, entre autres, des Orphelins de Duplessis[15] et des pensionnats amérindiens[16] où sont relatés les plus grands cas de maltraitance d'enfants.

---

12 https://www.republiquelibre.org/cousture/DUPLESSIS.HTM
13 http://encyclobec.ca/region_projet.php?projetid=255
14 https://fr.wikipedia.org/wiki/Antoine_Labelle
15 https://www.republiquelibre.org/cousture/DUPLESSIS.HTM
16 https://www.histoirecanada.ca/consulter/enseignement/le-projet-des-pensionnats-autochtones-du-quebec

Malheureusement, comme le dit si bien le saint François de Sales[17] : « Là où il y a de l'homme, il y a de l'hommerie. » La ligne reste toujours aussi mince entre le pouvoir et l'abus de pouvoir. De plus, comme chacun fait le choix de servir l'ombre ou la lumière, même au sein de l'Église, il était facile d'être attiré par la soif de pouvoir et de perdre de vue les valeurs humaines ainsi que le message de Jésus. Les abus de pouvoir n'ont rien à voir avec l'Argent mais bien avec les intentions, les valeurs et les intérêts des gens qui sont au pouvoir.

De plus, l'Église véhiculait ses croyances religieuses parmi la société, ce qui a grandement contribué à endoctriner et conditionner les gens pendant des générations. Parmi les plus grandes, il y avait cette croyance que nous devions gagner notre ciel. Ainsi, tout pouvait être bon pour le gagner : travailler fort, se sacrifier pour sa famille ou encore pour sa patrie, se laisser abuser, enfanter à nouveau au risque de *mourir en couche* parce qu'il fallait peupler le Québec pour être encore plus puissant, voter pour le bon parti sous peine de se faire accuser d'avoir péché, etc. Tous les discours étaient possibles, selon les intérêts et visions du représentant de l'Église en place.

Ainsi, la croyance religieuse voulait que soient associés la pauvreté et le sacrifice à la promesse d'une vie éternelle aux cieux, alors que la soif de pouvoir, la richesse et l'Argent soient associés à l'enfer. Toutefois, dans les faits, personne n'a jamais pu réellement prouver hors de tout doute ce qui se passe de l'autre côté du voile, et ce, même si nous possédons de plus en plus d'informations à ce sujet.

Le pouvoir des représentants de l'Église était à un point tel que toute la société québécoise a longtemps été sous leur emprise, conditionnée à des principes et croyances qui, d'une

---

17 https://fr.wikipedia.org/wiki/François_de_Sales

part, a pu maintenir tous les Québécois unis dans une même voie pendant des décennies, question encore une fois d'assurer la survie du peuple mais qui, d'autre part, ne font plus aucun sens aujourd'hui.

C'est d'ailleurs le cas avec la fameuse croyance populaire : « Né pour un petit pain ! »[18,19]. Celle-ci fait référence à : provenir d'un milieu modeste, être né pour vivre pauvrement, ne pas viser haut dans la vie, avoir une attitude de résignation, la fatalité d'un destin misérable ainsi qu'à jouer petit. Bien que son origine ne soit pas tout à fait claire, cette forte croyance a su s'imprégner profondément dans la conscience collective des Québécois et avoir des impacts négatifs dans toutes les sphères de leur vie, incluant leur relation avec l'Argent. Encore aujourd'hui, elle contribue à empêcher les Québécois de jouer grand, de développer leur plein potentiel et de réaliser leurs idées de grandeur.

Cet endoctrinement a d'ailleurs atteint un point tel que le peuple québécois en a eu assez. Ainsi, sous la Révolution tranquille[20], beaucoup de Québécois ont commencé à sortir de la survie et du manque. Les voix se sont levées par milliers pour demander la laïcisation de toutes les institutions publiques. De nos jours, la religion catholique ne fait donc plus partie ni des systèmes de la santé et de l'éducation, ni de la justice et de la politique. L'État et l'Église étant maintenant deux entités distinctes[21].

Malheureusement, bien des gens ont jeté le bébé avec l'eau du bain et ont donc rejeté en bloc l'Église et la religion, alors que

---

18 https://quebec.huffingtonpost.ca/david-sanschagrin/croyance-nes-pour-un-petit-pain-recit-quebec_a_23564487/

19 http://www.quebecoislibre.org/14/140215-4.html

20 https://www.thecanadianencyclopedia.ca/fr/article/revolution-tranquille

21 https://www.ledevoir.com/opinion/libre-opinion/540035/la-laicite-au-quebec-une-bataille-historique

les fondements de la religion catholique n'avaient que du bon. Les églises se sont vidées, les gens sont devenus de plus en plus individuels et indépendants. L'esprit de communauté et d'entraide a été délaissé, puis a tranquillement pris d'autres formes complètement, par exemple avec les réseaux sociaux de nos jours.

C'est également ce qui explique à quel point, pour beaucoup de Québécois, l'Argent est associé avec l'abus de pouvoir, alors que la pauvreté est associée aux valeurs humaines. C'est aussi ce qui peut expliquer pourquoi peu de Québécois sont riches par rapport à nos voisins du Sud, ou encore pourquoi ceux-ci se font autant critiquer et dénigrer pour leurs richesses.

D'ailleurs, parlant des Américains, contrairement au Québec, les États-Unis ont décidé de faire tout autrement. Au lieu de tout rejeter, ils ont dès le départ uni la religion avec l'Argent. Concrètement, leurs billets de dollars leur rappellent à chaque jour à quel point «In God we trust!» et leur président leur rappelle aussi à la fin de chacun de ses discours: «God bless America.»

L'Argent se retrouve donc non seulement associé à Dieu, mais il figure parmi leurs valeurs au même titre que l'amour, l'harmonie, le respect, l'entraide, etc. Ils n'ont donc pas peur de faire de l'Argent et comme ils voient grand avec le fameux «Think big!», ça fait déjà longtemps qu'ils se sont donné la permission d'en faire beaucoup! Ce qu'ils font par la suite avec leur Argent, par contre, pourrait être un sujet à débattre selon les valeurs de chacun, comme nous le verrons dans un prochain chapitre.

C'est ce qui peut expliquer pourquoi ils entretiennent, en général, une bien meilleure relation avec l'Argent et la religion que le fait le peuple québécois, et qu'ils expriment beaucoup plus de reconnaissance et de gratitude. Thanksgiving étant d'ailleurs plus populaire et fêtée que Noël. Notez encore une fois que cela n'a rien à voir avec ce qu'ils font avec leur Argent.

Pour conclure, bien que l'Argent lui-même ait toujours servi à faciliter les échanges de biens et de services, c'est au niveau de la survie du peuple et de la soif de pouvoir que tout semble avoir débuté. La nature humaine étant ce qu'elle est, à une époque où la sécurité physique était un enjeu quotidien, la survie était principalement assurée par la conquête de territoires, le nombre de personnes habitant le territoire et d'adeptes à une même religion. Ainsi, il était plus facile de rallier les troupes en les maintenant endoctrinées dans certains conditionnements limitants. Plus de territoires tout comme plus d'adeptes étaient signe de plus de pouvoir et d'Argent, donc de plus de chance de survie du peuple.

Enfin, pour la grande majorité des Québécois, toutes ces expériences passées font partie de l'héritage collectif. Ces legs inconscients influencent toujours négativement notre relation avec l'Argent et nous en payons encore le prix. C'est en faisant la lumière sur les événements du passé qu'il est désormais possible d'en découvrir le sens et de sortir totalement de cet endoctrinement. Il reste donc beaucoup de croyances à libérer dans la société en général afin d'avoir une relation saine avec l'Argent et de mettre l'Argent à notre service pour créer un monde meilleur. Voyons maintenant comment votre relation avec l'Argent a pu être définie par la relation de couple.

CHAPITRE 4

COMMENT VOTRE RELATION DE COUPLE DÉFINIT VOTRE RELATION AVEC L'ARGENT

« La plus haute vocation de la femme est de conduire l'homme à son âme afin de l'unir à la Source. La plus haute vocation de l'homme est de protéger la femme afin qu'elle soit libre de marcher sur la terre, saine et sauve. »

PROVERBE CHEROKEE

Autant votre relation avec l'Argent a pu être contaminée par le passé, autant elle sera définie par votre relation de couple et tout ce qu'elle inclut, c'est-à-dire par votre genre (homme ou femme) comme votre langage et vos besoins, le rôle que vous jouez au sein du couple ainsi que votre puissance en termes d'énergie féminine (yin) et d'énergie masculine (yang). C'est ce que vous découvrirez dans ce chapitre.

Mais d'abord, je tiens à préciser qu'il est possible que ce chapitre suscite certains questionnements en vous, soulèvent quelques réactions ou résistances. Si c'est le cas, je vous invite à garder tout simplement votre esprit bien ouvert jusqu'à la fin du chapitre.

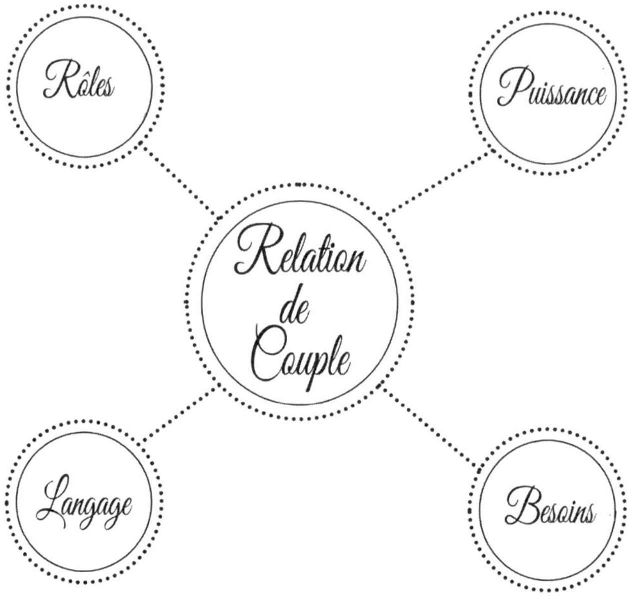

LES DIFFÉRENTS ÉLÉMENTS QUI CONSTITUENT LA RELATION DE COUPLE

La distribution originelle des rôles dans le couple

Tout d'abord, biologiquement parlant, le cerveau est programmé pour assurer la survie de l'espèce[22,23]. Ainsi, tant chez l'homme que chez la femme, tout a donc été, et est toujours, orchestré dans ce sens, et ce, peu importe les époques. Depuis le début des temps, l'homme possède donc un ADN de pourvoyeur et dégage une énergie masculine. Celle-ci se caractérise par l'action et est orientée vers l'extérieur. De plus, l'homme a été physiquement conçu beaucoup plus grand, plus fort et plus musclé que la femme. Il a été créé vif d'esprit, stratégique

---

22 http://icbt.ca/mission/
23 https://www.neosante.eu/la-biologie-totale-exactement/

et rapide. Il est ainsi prêt à tout mettre en œuvre pour assurer la sécurité de la femme, puisque c'est elle qui porte la création et la vie en elle. En effet, l'homme a la responsabilité d'assurer la survie de son clan, principalement au niveau de la sécurité physique et des besoins de base. Conséquemment, tout élément extérieur qui pourrait compromettre la sécurité physique et la survie de son clan sera rapidement identifié et éliminé.

De son côté, avec son énergie et son ADN de mère au foyer, elle est davantage orientée vers l'introspection et la réception. Ainsi, c'est à la maison qu'elle assurera la survie de sa famille. N'ayant donc pas à se soucier de tout ce qui se passe à l'extérieur, elle pourra se concentrer pleinement sur ses enfants. C'est donc en les mettant au monde, en prenant soin d'eux, en les guidant, en veillant à leur plein développement tant intellectuel, affectif que social qu'elle y arrivera.

C'est par ce partage naturel, tant au niveau de l'énergie que des rôles et des tâches, que l'homme et la femme ont toujours rempli efficacement leur mission et que la survie de l'espèce humaine a toujours été assurée. Ainsi, qu'on le veuille ou non, ça fait partie de la génétique. Il est donc bien difficile de passer à côté, et ce, même à l'ère moderne, comme nous le verrons plus tard.

La relation avec l'Argent dans le couple

Pendant des siècles, la femme est restée la maison pour prendre soin des enfants alors que l'homme a troqué la chasse au mammouth pour un travail rémunéré afin de subvenir aux besoins de son clan.

Il est donc conditionné à faire de l'Argent puisque c'est ainsi qu'il pourra fournir toit, vêtements, chaleur, nourriture, sécurité, etc. C'est donc naturel pour lui. Ça fait partie de ses fonctions de base depuis toujours. Autant il devait être stratégique pour chasser ses proies, autant il doit l'être maintenant avec l'Argent.

Bien sûr, il vivra constamment avec la pression de rapporter plus d'Argent. Pour lui, c'est une question de réussite ou d'échec, laquelle est directement en jeu avec sa valeur. Non seulement sa propre valeur sera déterminée par son niveau de réussite mais sa puissance le sera également. Ainsi, plus grande est sa réussite, plus grande sera sa valeur, et plus grande sera sa puissance. L'homme a besoin de se sentir dans sa pleine puissance pour se réaliser pleinement. C'est donc en réussissant à faire de l'Argent et à subvenir aux besoins de sa famille qu'il y arrivera.

Quant à la femme, véritable mère au foyer, elle gère complètement non seulement les lieux, mais aussi le budget familial. Que ce soit avec une partie de l'Argent gagné ou avec sa totalité, elle doit s'arranger pour répondre aux besoins des enfants avec la somme qui lui a été attribuée. En effet, rien n'oblige l'homme à partager tout l'Argent gagné avec sa femme. Il semble même que ce soit une pratique commune que l'homme garde une bonne somme pour répondre à ses besoins personnels, ne laissant qu'une petite part à sa famille. J'ose croire que de nos jours cette pratique soit révolue, mais je doute que dans certains pays ce soit encore ainsi.

Par la force des choses, à travers les différentes époques, la femme a donc développé davantage ses aptitudes à gérer de l'Argent plutôt qu'à en générer par elle-même. Elle est d'autant plus passée maître dans l'art de faire plus avec moins. C'est ce qui peut expliquer pourquoi chaque sou est toujours si important pour elle.

Enfin, l'homme se demande quotidiennement comment générer plus d'Argent, alors que la femme est davantage préoccupée par comment faire pour ne pas manquer de sous. De plus, selon les AF de chacun, cela viendra chez l'homme, soit faciliter l'entrée d'Argent ou pas, soit mettre plus de pression ou moins. Alors que chez la femme, cela viendra soit faciliter la gestion de l'Argent ou pas, soit générer plus d'insécurités ou moins.

D'autre part, pendant trop longtemps, et même encore aujourd'hui dans certains domaines professionnels ou dans certains pays, la femme n'est pas toujours considérée égale à l'homme. Elle a, pour ainsi dire, peu ou pas de valeur, tant aux yeux de l'homme qu'aux yeux de la société. Elle n'est bonne que pour faire des enfants et tenir la maison. C'est d'ailleurs ce qui a été enseigné pendant des années avec le *Guide de la bonne épouse*[24] dans lequel elle devait obéissance à son mari, lui cédant automatiquement tous ses biens dès le mariage. Ce n'est qu'en 1940 qu'elle a eu le droit de vote au Québec[25]. Dans ce contexte, il est extrêmement difficile pour la femme de reconnaître et d'être reconnue à sa juste valeur.

C'est d'ailleurs ce que les féministes ont voulu soulever comme message. Cependant, ce dernier semble avoir porté à confusion puisque bien des hommes se sentent perdus et ne savent plus comment se comporter avec les femmes. De plus, les revendications des femmes semblent avoir contribué au rejet de l'homme, comme si les femmes pouvaient tout accomplir seules alors qu'il est aujourd'hui primordial que l'homme et la femme marchent ensemble, dans la pleine reconnaissance de la valeur de chacun[26].

Le langage de chacun

Bien que l'Argent soit un sujet tabou en général, avez-vous remarqué à quel point les hommes sont habituellement beaucoup plus à l'aise d'en parler que les femmes ? Et à quel

24 https://www.terrafemina.com/article/le-guide-de-la-parfaite-femme-au-foyer-dans-les-annees-50_a311198/1

25 https://fr.wikipedia.org/wiki/Droit_de_vote_des_femmes_au_Québec

26 https://www.thecanadianencyclopedia.ca/fr/article/condition-feminine

point même le langage utilisé reflète tant cette aisance qu'ont les hommes et le malaise qu'expriment les femmes ? En effet, les hommes parlent de *cash* et d'Argent alors que les femmes parlent de sous.

Le *cash* et l'Argent reflètent bien cette énergie masculine de pourvoyeur. Par contre, qui dit *cash* et Argent dit aussi pouvoir et possiblement abus de pouvoir. Qu'on le veuille ou non, ça fait partie des mémoires collectives véhiculées par l'Église comme il a été abordé au chapitre 3. C'est la raison pour laquelle ces mots ne sont généralement pas utilisés par les femmes. Elles vont surtout parler de sous, lesquels reflètent davantage l'énergie féminine. De plus, ces mots sonnent beaucoup plus doux à l'oreille et ne comportent aucun ancrage collectif négatif. Et comme elles gèrent généralement le budget familial, soit elles cherchent des sous, soit elles n'en ont pas ou elles font des miracles avec ceux qu'elles ont, arrivant ainsi à boucler les fins de mois.

De plus, en affaires, elles voudront y arriver toutes seules sans rien demander ou devoir à personne. Elles ne voudront pas utiliser l'Argent familial ni la carte de crédit. Pire, si elles le pouvaient, elles feraient tout gratuitement. Comme mère Teresa[27], elles voudraient sauver le monde ! Mais ce qu'elles ne réalisent pas, c'est à quel point elles ne sont pas équipées pour le faire. Mère Teresa recueillait énormément de dons via sa Fondation. Elle était en mesure d'aider les gens.

Sans vouloir entacher ces mémoires toutefois, comme en laissent croire certaines informations, il semblerait qu'elle aurait plutôt eu des pratiques douteuses dues à ses propres croyances religieuses envers la souffrance et la mort. Elle aurait plutôt favorisé une approche où les patients devaient accepter la souffrance pour

---

27 http://www.vatican.va/news_services/liturgy/saints/ns_lit_doc_20031019_madre-teresa_fr.html

gagner leur ciel plutôt que d'utiliser les dites sommes financières reçues pour apaiser leurs souffrances[28]. Personne n'est parfait.

Enfin, parler de sous n'a pas du tout la même valeur que de parler d'Argent. Et quand on comprend par quoi les femmes sont passées à travers les époques, il est facile de comprendre pourquoi elles sont majoritairement plus loin en arrière des hommes par rapport à leurs valeurs. En effet, parler de sous fait référence à une non-reconnaissance de sa propre perception de sa valeur, à être né pour un petit pain, à se sacrifier, à la peur du manque tout comme à jouer petit, alors que parler d'Argent fait référence à jouer grand, à être dans sa puissance comme dans l'abondance.

D'ailleurs, c'est exactement ce que font les hommes, ils jouent le tout pour le tout. Ils sont prêts à prendre plus de risques en général que les femmes. Ils n'ont pas peur de brasser de grosses affaires, de parler de *cash* et de s'assumer complètement. S'ils ont besoin d'être conseillés pour y arriver, ils iront cogner aux bonnes portes. C'est encore une fois la survie du clan qui est en jeu. Avec l'Argent, ils vont jouer grand. Et si la peur se pointe, comparativement aux femmes, ils ne la laisseront pas gagner. Ils feront preuve de courage et avanceront malgré la peur au ventre. Le pourvoyeur en eux étant plus fort que tout le reste, ce qui n'enlève rien aux femmes, soit dit en passant. Cependant, les hommes ont littéralement une longueur d'avance pour passer à l'action dans un environnement extérieur puisque c'est leur environnement naturel, voire originel.

Enfin, dans les dernières années, avec la spiritualité grandissante, de plus en plus de femmes ont mis de côté les sous pour parler davantage d'abondance. Cependant, encore une fois, rien ne fait référence à l'Argent. L'Abondance n'étant que le contraire

---

28 https://nouvelles.umontreal.ca/article/2013/02/21/mere-teresa-tout-sauf-une-sainte/

du manque, il ne fait que refléter l'état vibratoire du moment. Rien à voir avec votre valeur ni votre relation avec l'Argent.

De plus, ce choix de mot démontre à quel point la femme a de la difficulté à s'incarner pleinement sur terre. En effet, une incarnation complète signifie, pour elle, non seulement un chakra de la base fort mais encore plus un chakra sacré bien équilibré et harmonisé, une confiance absolue en soi, un fort sentiment de sécurité intérieure, une sexualité épanouie, un environnement matériel confortable et un compte bancaire débordant d'Argent tant pour le présent que le futur. C'est plutôt l'inverse que vivent beaucoup de femmes. Elles portent énormément de mémoires collectives et de blessures du passé. Ce qui a influencé grandement leur propre perception de leur valeur, leurs croyances et leur mindset.

La puissance énergétique de l'homme et de la femme

L'homme exprime sa puissance protectrice de pourvoyeur à partir du chakra de la base alors que la femme exprime sa puissance créatrice de femme à partir de son foyer à partir du chakra Sacré[29]. Ce sont donc respectivement les chakras les plus importants pour chacun d'eux. Plus ces chakras seront ouverts, équilibrés et harmonisés, plus l'homme et la femme seront dans leur pleine puissance et plus ils manifesteront de l'Argent. Cependant, pour y arriver, les chemins à prendre seront totalement différents.

Plus l'homme incarnera sécurité, stabilité et confiance, plus il exprimera sa pleine puissance. C'est ainsi qu'il sera en mesure d'assurer la sécurité de son clan et que la femme se sentira en sécurité à ses côtés. Sans même le savoir, c'est de cette façon qu'il contribuera le plus à activer la puissance créatrice de

29 Cercle des déesses, www.alexandravillarroel.com

la femme. En effet, les conditions idéales doivent être en place afin que la femme s'abandonne complètement à son homme dans un premier temps, puis entre au cœur d'elle-même par la suite. Rappelez-vous que, pour la femme, tout se passe dans son foyer, tant la procréation que la création.

Toutefois, elle doit d'abord avoir un chakra de base bien ouvert et harmonisé. Si elle est trop occupée à assurer sa propre sécurité, tant physique que financière, comme celle de ses enfants, toute son attention sera dirigée sur son chakra de la base. Son chakra sacré restera alors fermé. C'est donc en n'ayant plus à se soucier de sa sécurité qu'elle pourra entrer en toute confiance en elle-même et activera sa puissance créatrice. Plus elle incarnera féminité, sensualité et plaisir, plus elle y parviendra rapidement. Enfin, plus elle entrera dans sa pleine puissance créatrice et plus elle s'émancipera comme femme, plus cela fera le bonheur de son homme le soir venu! C'est ainsi qu'elle deviendra magnétique, qu'elle pourra attirer à elle tout ce qu'elle veut et apporter sa plus grande contribution au monde.

L'ère moderne et la redistribution des rôles au sein du couple

De nos jours, la survie de l'espèce humaine n'étant plus un enjeu quotidien (bien que la pandémie de 2020 nous ait démontré le contraire), le monde a changé. Les niveaux de conscience ont évolué. De plus en plus de personnes sont en quête de sens dans leur vie, accèdent à davantage de succès et se mettent au service pour contribuer à la création d'un monde meilleur. Ainsi, plus que jamais, encore aujourd'hui l'homme et la femme ont besoin de marcher main dans la main. C'est une question de puissance énergétique, comme nous venons tout juste de le voir, et c'est cette même puissance qui est à l'origine des relations de couple.

Cependant, comme la femme est désormais sur le marché du travail autant que l'homme, celui-ci n'a pu à jouer son rôle de pourvoyeur de la même façon qu'il l'a toujours joué. Il est davantage appelé à jouer son rôle de protecteur, lequel est encore essentiel de nos jours. Il doit donc continuer d'assurer la sécurité de son clan, cela restera toujours une question de survie de l'espèce. C'est ainsi qu'il restera dans sa puissance masculine et qu'il soutiendra la femme pendant sa transformation intérieure vers sa propre puissance féminine. Cette dernière est d'ailleurs essentielle pour la femme afin qu'elle puisse, elle aussi, redéfinir son rôle de femme au foyer, considérant le partage des tâches quotidiennes de la maison. La femme n'est donc plus destinée à Être seulement dans la procréation mais à Être davantage dans la création. C'est donc à un autre niveau que l'homme et la femme sont appelés à se soutenir mutuellement et à poursuivre les rôles qui leur ont été attribués depuis le début des temps, principalement en s'assurant de répondre maintenant aux cinq besoins fondamentaux de chacun :

Homme	Femme
La satisfaction de ses besoins sexuels	La satisfaction de ses besoins affectifs
Une compagne de jeu	Un compagnon pour échanger
Une conjointe attirante	Un conjoint fiable et honnête
La paix et le soutien	La sécurité
La valorisation	L'engagement

LES CINQ BESOINS FONDAMENTAUX DE L'HOMME ET DE LA FEMME[30]

30 https://www.yvondallaire.com/wp-content/uploads/2015/11/TestLabanque damour.pdf

Et qu'en est-il financièrement ?

Est-ce que cela signifie qu'encore aujourd'hui la femme doit se faire vivre financièrement par son homme ? Pas du tout ! Comme il a été mentionné, les rôles de chacun ont évolué depuis le temps. La femme voudra contribuer financièrement au revenu familial, tout comme l'homme voudra s'occuper des enfants avec elle. Conséquemment, au lieu d'avoir un pourvoyeur à l'extérieur et une mère au foyer, il y aura deux pourvoyeurs tout comme deux parents au foyer. Ceux-ci auront comme défis à garder un équilibre dans leurs rôles respectifs, tout comme à apprendre à travailler ensemble, à jouer en équipe, à s'organiser, à se concerter, à s'entraider, à s'épauler afin de devenir de véritables partenaires de vie qui auront du plaisir à vivre, à grandir et à cocréer ensemble un monde meilleur.

Bien que l'homme et la femme soient appelés plus que jamais à faire équipe, il est important que chacun reste dans sa puissance respective, peu importe le revenu que chacun rapporte. En fait, tant que l'homme rapporte plus financièrement que la femme, l'équilibre sera maintenu. En effet, l'homme reste dans son rôle de pourvoyeur et, par le fait même, dans sa puissance masculine.

Par contre, si la femme gagne plus d'Argent que l'homme, il est capital que les rôles demeurent les mêmes afin de maintenir l'équilibre dans le couple. L'homme doit rester tant dans son rôle de pourvoyeur que dans sa puissance masculine. La femme doit donc tout mettre en œuvre pour s'en assurer. Par exemple, elle doit le laisser payer en partie, que ce soit pour les frais de base comme pour prendre soin d'elle. Elle doit aussi le valoriser et reconnaître tout ce qu'il fait pour elle. Sinon, les répercussions peuvent être désastreuses pour les deux, comme pour leur couple. En effet, l'homme qui ne peut plus jouer son rôle de pourvoyeur pleinement se sentira inutile, dévalorisé et basculera rapidement dans l'impuissance, ce qui mettra le couple en péril.

À l'inverse, si la femme d'aujourd'hui se retrouve seule en position de pourvoyeur non assumé, elle basculera dans l'insécurité, dans le niveau de conscience de survie et la peur du manque, et ce, peu importe qu'elle soit en couple ou monoparentale. Si elle est une Accumulatrice parmi ses AF, l'insécurité sera davantage amplifiée. Elle ne sera plus en mesure d'assurer pleinement son rôle maternel auprès de ses enfants, ni de s'épanouir totalement dans la vie comme femme puisqu'elle devra assurer leur sécurité physique et subvenir à leurs besoins de base.

Cela occasionnera des impacts majeurs dans chacune des sphères de sa vie. Au niveau de sa relation avec l'Argent, elle vivra avec un stress constant de devoir faire de l'Argent pour subvenir aux besoins de ses enfants. En vibrant le manque, elle attirera malheureusement encore plus de manque. En conséquence, non seulement elle manquera d'Argent, mais elle manquera aussi d'amour, de sécurité, de confiance, d'énergie, de douceur, de patience, de joie de vivre et de créativité. Son chakra sacré restera fermé.

Quant à sa relation de couple, si elle en vit une, celle-ci sera aussi mise à rude épreuve, ayant porté toute son attention sur sa survie. Par contre, si la femme est bien incarnée, qu'elle assume pleinement son rôle de pourvoyeur, elle aura confiance en elle, elle génèrera tout l'Argent nécessaire pour subvenir avec aisance aux besoins et désirs de ses enfants. Elle devra alors entrer dans sa puissance féminine pour attirer un homme qui sera dans sa puissance masculine. Sinon, elle ne sera plus attirante aux yeux de ces hommes et, question de maintenir l'équilibre énergétique, elle ne pourra qu'attirer à elle des hommes qui seront dans leur impuissance ou encore qui seront dans sa puissance féminine. Elle sera insatisfaite au plus haut point et conclura qu'elle est mieux toute seule. Je m'arrête ici, ce sera le sujet d'un prochain livre.

Si vous êtes en affaires

Tout d'abord, si vous êtes un homme en affaires, il y a de fortes chances que votre femme vous soutienne totalement depuis longtemps déjà, puisque vous incarniez le modèle originel, à moins que vous soyez un Accumulateur insécure ou un Insoumis qui a pris de trop gros risques financiers. Peu importe la raison, si vous n'êtes pas en mesure de sécuriser votre femme, vous réveillerez la « germaine » en elle et elle fera tout en son pouvoir pour tout contrôler son petit monde, incluant vous ! Vous n'aurez alors que l'envie de fuir la maison et il y a de fortes probabilités que vous vous trouviez mille et une raisons pour ne plus rentrer le soir. Donc, pour être soutenu par votre femme, assurez-vous de rester pourvoyeur.

D'autre part, si vous êtes une femme avec un homme pourvoyeur qui vous aime profondément et qui veut que vous soyez heureuse, eh bien, vous avez le meilleur ! Puisqu'il a compris vos aspirations, votre besoin de vous réaliser pleinement dans votre vie et votre désir d'y arriver en étant en affaires, vous serez entièrement soutenue, tant financièrement qu'émotionnellement. Vous pourrez déployer vos ailes beaucoup plus rapidement et facilement. Vous verrez ainsi votre relation avec l'Argent devenir de plus en plus fluide avec le temps. Vous aurez de plus en plus de facilité à manifester dans la matière.

Par exemple, de mon côté, j'ai toujours eu le soutien inconditionnel du père de mes enfants et même encore aujourd'hui, bien que nous soyons séparés, je peux encore compter sur lui. De nouveau en couple, je suis maintenant tout aussi soutenue par mon amoureux, et même plus, puisqu'il s'implique dans mon entreprise en mettant ses forces à contribution pour que je brille davantage. Je suis bénie ! Gratitude !

Si, par contre, votre homme a peur soit de perdre son rôle de pourvoyeur, soit de ne plus se sentir utile, il sera alors hors de question pour lui de vous épauler. Encore moins que vous gagniez plus d'Argent que lui, puisque c'est sa puissance qui sera mise en jeu ici. Il souhaitera davantage avoir une femme à la maison qui sera là pour l'attendre tous les soirs. Il a d'ailleurs possiblement été élevé comme ça et n'a que reproduit le modèle familial initial.

Au contraire, si vous êtes avec un homme qui a délaissé son rôle de pourvoyeur, que ce soit par choix, par obligation, ou encore à la demande même des femmes, alors il fera passer ses besoins personnels avant ceux de la famille. Vous vous retrouverez donc seule à vous débattre avec vos insécurités financières et il sera vraiment difficile pour vous d'investir dans votre entreprise, de vous réaliser pleinement et d'atteindre vos objectifs financiers. Il vous dira de gagner de l'Argent avant de la dépenser. Alors que c'est en investissant d'abord en votre entreprise que vous pourrez ensuite en gagner plus.

Si votre homme n'est pas en mesure de vous soutenir tel que vous le souhaitez, cela peut s'expliquer par des incompréhensions, un modèle familial comme une éducation différente, des visions divergentes, des insécurités, des peurs, un manque de confiance, etc. Il y a également de fortes probabilités que vous ne soyez pas au même niveau de conscience ni à la même place dans la vie.

Pour être soutenue inconditionnellement par votre homme, assurez-vous qu'il reste dans sa puissance et qu'il se sente utile. Pour ce faire, valorisez-le en tant que pourvoyeur, ainsi il ne sentira pas son rôle remis en question. Exprimez-lui votre reconnaissance puisque c'est en partie grâce à son soutien, aussi minime soit-il, que vous pouvez être en affaires, vous réaliser et apporter votre contribution au monde.

Partagez avec lui vos désirs et aspirations les plus profondes, tout comme vos grandes visions à court et à plus long termes. Accordez-vous ensemble par rapport à la gestion de votre Argent, établissez vos priorités tant personnelles que financières. Assurez-vous d'être sur la même longueur d'onde en ce qui a trait à l'Argent. Dans le cas contraire, il vous sera bien difficile de trouver un terrain d'entente et de vous soutenir mutuellement. Ayez des projets en commun et de l'admiration l'un pour l'autre. Et en toute confidence, c'est tout à son avantage de vous soutenir, car plus vous serez une femme accomplie et épanouie, plus il en bénéficiera lui aussi. Il sera même le premier à en tirer parti !

Enfin, puisque l'extérieur n'est que le reflet de ce qui se passe à l'intérieur de vous, rappelez-vous que vous devez d'abord vous soutenir vous-même pour obtenir le soutien de l'autre et de l'Univers. D'ailleurs, ni l'un ni l'autre ne peuvent vous soutenir plus que le soutien que vous vous offrez à vous-même.

Pour y arriver, vous aurez votre propre transformation à vivre dans laquelle vous aurez, entre autres, à vous libérer et à apaiser vos blessures du passé, à répondre aux besoins de votre âme, tout comme de vous aligner avec vos AF. C'est ce qui vous permettra de passer au prochain niveau d'expansion. Et oui, malheureusement, il se peut fort bien que vous deviez mettre fin à la relation de couple pour y arriver si vous n'avancez pas tous les deux au même rythme. Je ne vous le souhaite pas. Cependant, il est impossible de faire une omelette sans casser des œufs !

Une nouvelle réalité

Bien qu'au début des temps, les stéréotypes de l'homme et de la femme étaient clairement déterminés, de nos jours il en est tout autrement. Cependant, dans chaque relation de couple, l'un des deux partenaires sera davantage dans son énergie féminine et l'autre sera dans son énergie masculine, et ce, peu importe le sexe. Par exemple, bien des femmes ont pu basculer dans l'énergie masculine, et des hommes dans l'énergie féminine, pour plein de raisons : blessures du passé, traumatismes, épreuves et défis, inversant ainsi les rôles dits traditionnels au sein du couple hétérosexuel.

De plus, dans les dernières années, des couples de tous genres ont fait leurs apparitions. Les nouvelles générations ayant non seulement déplacé mais créé totalement une tout autre norme de genres et de couples avec les LGBTQ2S+[31]. Il m'est donc difficile d'exposer ici toutes les réalités de couples possibles. Vous aurez donc à interpréter ce que vous venez de lire selon votre propre situation, l'énergie prédominante que vous dégagez, votre genre, votre situation financière, votre position dans le couple.

Il appartient désormais à chaque être humain, tout sexe confondu, de trouver son propre équilibre entre les énergies féminines et masculines à l'intérieur de lui-même et de les harmoniser. C'est ainsi qu'il pourra déployer le type d'énergies appropriées selon les besoins et les situations.

En conclusion, il y a de grandes différences entre les hommes et les femmes au niveau de la relation avec l'Argent. Elles s'expliquent, entre autres, par les rôles de chacun depuis le début des temps, l'évolution des rôles à l'ère moderne, la puissance énergétique, le langage utilisé, l'histoire des femmes, l'Argent dans le couple, etc.

En général, les hommes ont donc une bien meilleure perception de leur propre valeur que les femmes. Ce qui se reflète par une meilleure relation avec l'Argent, un revenu beaucoup plus élevé et un compte bancaire beaucoup plus gros. Quant aux femmes, elles doivent entrer dans leur créativité pour activer leur puissance féminine, pour transformer leur propre perception de leur valeur et améliorer leur relation avec l'Argent.

---

31 LGBTQ2S+ : Lesbiennes, Gais, Bisexuels, Transgenres, en Questionnement et Bispirituels. https://jeunessejecoute.ca/information/lgbtq2s-ca-veut-dire/

C'est ainsi qu'elles seront aptes à manifester davantage dans la matière l'Argent désiré.

Enfin, c'est en honorant au quotidien sa propre valeur comme celle de son partenaire que l'homme et la femme pourront maintenir un équilibre dans leurs rôles respectifs, préserver une relation de couple saine et avoir une meilleure relation avec l'Argent. C'est en étant dans la cocréation qu'ils pourront apporter autant leurs revenus que leur contribution planétaire à un autre niveau tout en continuant d'assurer la survie de l'espèce. C'est ainsi qu'ils deviendront des modèles inspirants pour leurs enfants et les générations futures.

CHAPITRE 5

COMMENT LA PERSONNE QUE VOUS ÊTES FAÇONNE VOTRE RELATION AVEC L'ARGENT

« Avant de pouvoir transformer votre portefeuille de pauvre à riche, vous devez transformer votre esprit de pauvre à riche. »

ROBERT KIYOSAKI

Nous y voilà enfin ! Non seulement nous arrivons au cœur du livre, mais au cœur de la plus grande transformation que vous pouvez vivre avec l'Argent. Pourquoi ? Parce que, comparativement à tout ce qui a été abordé dans les chapitres précédents, c'est ici que vous avez le plus de contrôle, donc, de pouvoir de changer les choses. C'est ici que tout se joue puisque vous avez le plein contrôle sur vous !

Plusieurs facteurs vont façonner votre relation avec l'Argent au niveau de l'Être, dont vos intentions, vos visions, vos valeurs et vos forces, tout comme votre mission et votre niveau de conscience. Cependant, la plupart seront davantage abordés dans les prochains chapitres. Pour le moment, concentrerons-nous sur les deux facteurs les plus importants: votre propre perception de votre valeur ainsi que vos croyances.

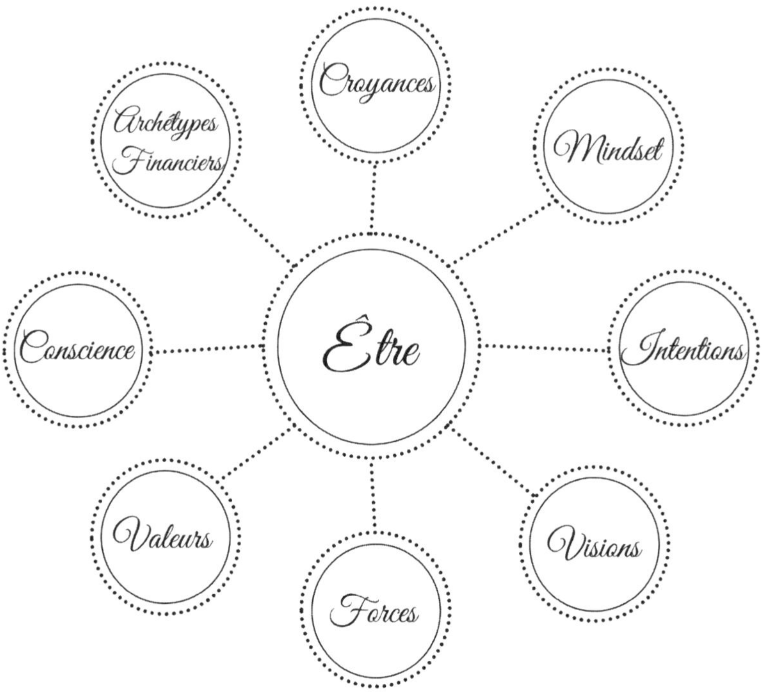

LES DIFFÉRENTS FACTEURS AU NIVEAU DE L'ÊTRE QUI FAÇONNENT VOTRE RELATION AVEC L'ARGENT

Avant d'entrer dans le vif du sujet, avez-vous une idée à quoi peut ressembler votre relation avec l'Argent en ce moment? Pour le savoir, regardez tout simplement votre portefeuille. À quoi ressemble-t-il? Est-il petit ou gros? Vieux ou récent? Coloré ou neutre? Brillant ou mat? Votre portefeuille est une représentation concrète de votre relation avec l'Argent. Il est votre meilleur indicateur pour savoir comment se porte votre relation avec l'Argent et puisque votre relation avec l'Argent peut en dire long sur vous, votre portefeuille aussi! Il vous donne non seulement l'heure juste sur qui vous êtes, mais également sur votre valeur perçue. Vous voulez apporter un changement rapide dans votre relation avec l'Argent? Achetez tout simplement un nouveau portefeuille! Prenez le temps d'en choisir un qui représentera la nouvelle version que vous voulez Être et qui correspondra à votre nouveau revenu ou chiffre d'affaires. Rien de plus simple!

Comment reconnaître votre valeur

Tout d'abord, l'Argent est directement relié à votre perception de votre valeur personnelle. Conséquemment, plus vous l'augmentez, plus vous augmentez votre revenu ou votre chiffre d'affaires. Toutefois, avant de penser à augmenter votre propre valeur, vous devez d'abord commencer à reconnaître celle que vous vous accordez actuellement, ce qui peut déjà être un bon défi en soi. Rappelez-vous, chaque valeur se traduit par une certaine quantité d'Argent dans la matière.

Si vous vous reconnaissez une valeur de 20 000 $, 50 000 $ ou 100 000 $, c'est le revenu que vous gagnerez, pas un sou de plus ou de moins. Je dirais même que c'est vous qui vous autorisez le droit ou non de recevoir une certaine valeur en Argent, selon ce que vous croyez que vous valez. Puis, l'Univers vous enverra exactement cette somme d'Argent sous différentes formes. Bien sûr, on fait ici référence à votre propre perception de votre valeur terrestre ou humaine puisqu'au niveau de l'âme, la valeur céleste est la même pour tous.

Vous avez non seulement à reconnaître votre valeur mais à accepter également de recevoir ce que l'Univers vous envoie sous différentes formes. Par exemple, cela peut être un chèque, un cadeau en Argent ou non, comme un café, un compliment ou encore un câlin. Pensez-y un instant, si vous n'êtes pas en mesure de recevoir, comment l'Argent viendra-t-il à vous? Puis, comment l'Univers pourra-t-il vous envoyer quoi que ce soit considérant que vous semblez n'avoir besoin de rien ? Recevoir est aussi important que de donner.

Si vous avez un AF de Nourricier, cela peut figurer parmi vos plus grands défis. Il y a de fortes chances que vous ayez ce que j'appelle le syndrome de mère Teresa. C'est ce qui fait que vous donnez beaucoup plus que vous recevez et que vous avez l'habitude de vous sacrifier pour les autres. Si vous pouviez donner votre chemise, vous le feriez car vous avez l'impression que plus vous donnez, plus votre valeur sera reconnue.

Cependant, votre valeur s'exprime dans l'Être et non dans le Faire. Vous avez à dissocier les deux. Imaginez par exemple un 100$. Peu importe ce que vous faites avec lui, le plier, le rouler, le mouiller, le couper, sa valeur ne change pas. Il vaudra toujours 100$. Cette tendance à associer la valeur avec le Faire plutôt qu'avec l'Être est directement en lien avec deux croyances plus spécifiquement.

La première, c'est la croyance véhiculée par l'Église que vous devez travailler fort pour gagner votre ciel. C'est comme si Être n'était pas assez pour avoir sa place là-haut. Cependant, votre valeur ne peut pas fluctuer à tous les jours comme à la Bourse. Dans l'Être, la valeur ne baisse jamais. Ainsi, elle n'est pas en lien avec ce que vous faites mais bien avec qui vous êtes. Elle est plutôt déterminée par votre propre perception de votre valeur.

La deuxième croyance s'inscrit dans une suite logique de la première, l'Église en moins. L'effort a toujours été plus valorisé que la facilité. Ainsi, celui qui a obtenu des résultats plus facilement a moins de mérite, et celui qui ne veut pas s'engager dans le Faire est considéré comme paresseux. Donc, selon cette croyance, la personne ayant travaillé le plus fort mérite davantage, et ce, peu importe les résultats.

De nos jours, c'est encore le cas. Que ce soit à l'école ou à la maison, l'effort est davantage valorisé. Le Faire a donc une plus grande valeur perçue que l'Être. La preuve, la question qui est généralement posée aux enfants est en lien avec ce qu'ils veulent Faire plus tard. Rien à voir avec qui ils veulent Être. Nous vivons dans une société conditionnée par le Faire, donc qui nous a appris à Faire et non pas à Être.

Par ailleurs, tant que vous ne reconnaissez pas votre valeur, vous la chercherez dans le regard des autres. Ce qui risque d'être le cas si vous avez un AF de Célébrité. Conséquemment, vous chercherez à être célèbre, à avoir de la notoriété et à être reconnu. C'est comme si le fait d'être célèbre déterminerait votre valeur alors que celle-ci est plutôt liée à votre propre perception de la vôtre. Si c'est votre cas, vous avez associé votre valeur à ce que vous faites.

Enfin, si vous ne reconnaissez pas votre valeur, personne ne sera en mesure de la reconnaître, que ce soit votre partenaire de vie, vos amis, votre employeur ou vos clients. Ainsi, ne soyez pas surpris si personne ne pense à vous offrir une promotion ni à vous donner un mandat spécifique, ou si on vous refuse une promotion. Encore une fois, tout est lié à votre propre perception de votre valeur. Ainsi, vous attirez ce que vous valez, et ce, peu importe ce que vous faites.

Au risque de me répéter, il n'y a donc pas de lien entre le travail que vous faites et l'Argent que vous gagnez. Votre revenu est vraiment lié à votre propre perception de votre valeur. La preuve, dans les pays sous-développés, beaucoup de personnes, et surtout des femmes, travaillent douze heures par jour pour presque rien dans des conditions épouvantables. Si le revenu était vraiment en lien avec ce qu'elles font, elles seraient riches ! Au contraire, elles ne reçoivent aucune reconnaissance et leur valeur perçue est plutôt nulle. Tant qu'elles n'augmenteront pas leur propre perception de leur valeur, elles continueront à accepter de travailler pour si peu. Le défi est donc grand puisque ce sont des générations d'hommes et de femmes qui ont été conditionnées à ne pas reconnaître la valeur de la femme.

Si vous êtes en affaires, ce sera la même chose. D'ailleurs, il y a de fortes probabilités que vos clients ne voient pas la valeur de ce que vous offrez et vous disent que c'est trop cher. De plus, si vous travaillez à l'heure, vous échangez donc votre temps pour de l'Argent. À l'inverse, si vous offrez vos services sous forme de forfaits ou de programmes, vous êtes rémunéré tant pour votre valeur que pour celle que vous apportez à vos clients, lesquelles sont bien au-delà du temps que vous avez passé ensemble.

Ainsi, peu importe que vous soyez salarié ou en affaires, vous payerez cher le prix de ne pas être en mesure de reconnaître votre valeur. En conséquence, vous passerez à côté de plein d'opportunités, ce qui vous empêchera de gagner plus d'Argent. Pire, si vous recevez plus d'Argent que ce que vous valez, vous la perdrez dans le temps de le dire par une forme ou une autre d'autosabotage, que ce soit votre ordinateur qui brise, un accident d'auto, une blessure qui vous empêche de travailler, par exemple. Ce sera aussi le cas de ceux qui gagnent à la loterie et qui dilapident leurs gains en quelques mois seulement. Alors que, lorsque vous reconnaissez votre valeur, tout est juste. Tant votre salaire que le prix que vous chargez pour vos services, tant vos revenus que votre chiffre d'affaires. Tout sera aligné avec vous, votre valeur ainsi que la valeur de ce que vous offrez réellement.

Comment augmenter votre valeur au quotidien

Comme nous l'avons vu au chapitre 1, toute augmentation de votre valeur personnelle demande nécessairement une transformation dans chacune des dimensions — Être, Faire, Avoir — puisque votre valeur est la résultante de qui vous êtes maintenant. C'est cette transformation qui vous permettra de passer au prochain niveau d'expansion. Ainsi, pour chacun de ces niveaux correspond une nouvelle version meilleure de vous, une nouvelle valeur et, par le fait même, un nouveau revenu ou chiffre d'affaires.

Toute transformation passe d'abord dans l'Être et la seule et unique question à vous poser est la suivante: «Qui dois-je Être pour attirer et manifester ______ $ par année?» C'est à partir des réponses que vous obtiendrez que vous serez en mesure d'amorcer votre transformation au niveau de l'Être. Pour ce qui est de la transformation au niveau du Faire, vous pouvez dès aujourd'hui commencer à vous transformer vous-même par différentes actions dans votre quotidien. Choisissez des actions qui vous permettront de devenir votre priorité n° 1. Ainsi, en vous traitant continuellement comme la priorité n° 1 au sommet de votre liste, vous enverrez comme message à l'Univers que vous valez beaucoup. Ce dernier reconnaîtra votre augmentation de valeur et vous répondra dans le même sens.

Assurez-vous d'abord de vivre dans un environnement qui vous plait et qui vous ressemble, soit *100 % Aligné* avec vous. Désencombrez chaque pièce, chaque garde-robe et chaque tiroir de la maison.

Commencez à vous mettre en valeur physiquement, que ce soit au niveau des vêtements, des chaussures et de la coiffure. Pour les femmes, commencez à vous maquiller si vous ne le faites pas déjà. Non, ce n'est pas superficiel de se maquiller, c'est un geste d'amour qui augmente votre valeur. Ne le sabotez pas.

De plus, saviez-vous que vos sous-vêtements sont votre meilleur indicateur pour savoir si vous passez en premier dans votre vie? Vous savez donc ce qu'il vous reste à faire pour augmenter votre valeur encore plus rapidement, oui, vous achetez tout simplement de nouveaux sous-vêtements. Je sais, ça peut être surprenant mais si vous saviez à quel point c'est puissant! Pensez-y un instant… Qui voit vos sous-vêtements, autre que vous et votre partenaire? L'Univers! Et, oui, en ne portant que des sous-vêtements neufs, beaux et inspirants, vous honorez complètement votre valeur. Imaginez le puissant message que vous envoyez à l'Univers, c'est extraordinaire ! Vous augmenterez votre valeur rapidement. Je vous mets maintenant au défi d'aller magasiner et de vous en acheter de nouveaux !

Au niveau des habitudes de vie, assurez-vous d'abord de ne manger que de la nourriture que vous considérez de haute valeur. Faites de l'activité physique régulièrement. Assurez-vous aussi de bien dormir.

Adoptez un mindset d'athlète. Choisissez bien vos mots lorsque vous parlez d'Argent. Par exemple, au lieu de dire que vous ne pouvez pas vous le permettre, choisissez tout simplement de ne pas l'acheter pour le moment. Votre priorité étant ailleurs. Préconisez le terme *Argent* au lieu de dire des *sous*. Soyez focus sur vos pensées, vos intentions, vos visions et vos priorités. Accordez-vous des moments de plaisir tout comme des moments pour prendre soin de vous, que ce soit d'aller au spa, vous faire masser, etc.

De mon côté, c'est ce que j'ai fait et cela a complètement transformé ma vie. J'ai changé complètement mon alimentation et j'ai maigri de 37 kilos… ce qui m'a permis de changer plusieurs fois ma garde-robe et de trouver mon style. Par la suite, je me suis remise à l'exercice. Je vais au spa régulièrement. Je choisis les pensées et croyances que je veux garder. Je focusse sur les grandes visions que je veux manifester.

Enfin, choisissez le style de vie que vous voulez vivre. Demandez-vous ce que vous feriez avec 100 000 $ ou 1 million de dollars et commencez dès maintenant à vivre cette vie. Vivez la vie à la hauteur de votre nouvelle valeur. Incarnez la valeur que vous voulez attirer.

Comment augmenter votre valeur au travail

Peu importe que vous soyez à la recherche de plus de satisfaction dans votre travail actuel, d'un nouvel emploi, d'une promotion au sein de l'organisation pour laquelle vous travaillez ou encore que vous voulez vous réorienter complètement, vous aurez à augmenter vos connaissances, à développer de nouvelles expertises, à maîtriser de nouveaux outils et à mettre en place de nouvelles stratégies.

Pour y arriver beaucoup plus rapidement et efficacement, rien de mieux que de travailler avec des coachs. Je sais que plusieurs hésitent à investir financièrement sur cela, alors que c'est la voie rapide. Vous pouvez vous sauver des années de travail acharné pour lesquelles vous n'arriveriez jamais seul au même résultat ! Encore une fois, le montant que vous serez prêt à investir correspondra soit à votre valeur actuelle, soit à la valeur que vous vous permettez de devenir à la fin du coaching. Allez-y ! Plongez ! C'est à la vitesse de la lumière que vous vous transformerez si vous le voulez !

Par exemple, il y a environ 15 ans, le père de mes enfants, qui partait travailler toute la semaine dans le bois, se cherchait un nouveau travail plus aligné avec lui et la famille que nous voulions fonder. Je me rappelle à quel point mon Accumulatrice avait trouvé dispendieux les services du coach que nous avions trouvé à cette époque et, pourtant, ce n'était rien. Non seulement il a trouvé un nouveau travail rapidement, mais c'est une nouvelle vie qui a commencé pour lui en étant à la maison tous les soirs, avec un salaire beaucoup plus élevé, un fonds de pension, etc. C'est grâce à ce coaching si nous avons pu avoir la vie de famille que nous avons eue. Au final, je peux vous dire que mon Accumulatrice a rentabilisé son investissement des centaines de fois !

Pour y arriver, vous débutez encore avec la même question : « Qui je dois Être pour attirer et manifester ______ $ par année ? » Vous aurez ainsi une panoplie de réponses pour vous orienter sur les choix que vous aurez à faire. Par exemple, déciderez-vous d'opter pour une formation en ligne, un programme de coaching ou bien retournerez-vous à l'université ? Toutes les options sont ouvertes. Vous devrez absolument vous former d'une façon ou d'une autre. Plus vous augmenterez vos connaissances et que vous raffinerez votre expertise, plus vous augmenterez votre valeur.

Personnellement, j'ai toujours plusieurs coachs qui m'accompagnent. En fait, j'en ai au moins un pour chaque sphère de vie qui est en transformation. Oui, je peux vous dire que, par moments, ça me fait beaucoup de rencontres mais sans ce soutien de leur part, je ne serais pas rendue où je suis dans ma vie personnelle, professionnelle ni dans mon entreprise.

Comment augmenter votre valeur dans votre entreprise

Ce sera également la même chose si vous êtes en affaires. Vous aurez à faire passer l'entrepreneur en vous, tout comme votre entreprise, au prochain niveau d'expansion. En affaires, le problème est rarement avec l'expert en vous, vous savez, celui ou celle qui donne des services. Par contre, c'est avec votre entrepreneur que le bât blesse généralement. Pourquoi ? Parce que personne n'a appris à devenir entrepreneur. Ça ne s'apprend pas sur les bancs d'école, à moins d'avoir étudié dans le domaine de l'administration… mais encore. Personne ne peut vraiment connaître les rouages, les défis et les stress de l'entrepreneuriat sans avoir les deux pieds dedans !

Ainsi, plus le décalage est grand entre l'expert et l'entrepreneur, plus vous avez à vous former pour élever la valeur de votre entrepreneur au même niveau que celle de votre expert. C'est votre premier objectif. Par la suite, vous faites grandir la valeur des deux en continu.

Au niveau de votre entreprise, commencez par vous fixer des objectifs financiers mensuels de plus en plus élevés tout comme un chiffre d'affaires annuel de plus en plus audacieux.

Par exemple, de mon côté, en 2017, je me suis fixé comment objectif d'atteindre mon premier million en cinq ans. Comment ? Tout simplement en doublant mon chiffre d'affaires annuellement ! En deux minutes, c'était réglé ! C'est le plan le plus rapide que j'ai fait. Et même s'il fluctue par moments, la pandémie de 2020 ayant, disons, quelque peu changé mon plan, je peux vous dire que j'avance toujours et de plus en plus rapidement vers mon objectif.

Dans un autre ordre d'idées, vous avez aussi à partager vos accomplissements et vos succès aux personnes qui figurent sur votre liste de courriels, comme sur vos réseaux sociaux. Par exemple en partageant une photo de vous avec votre nouveau diplôme ou dans votre tout nouveau bureau. Démontrez votre notoriété en participant à des événements, que vous faites ensuite circuler sur les réseaux sociaux. Partagez aussi les témoignages que vous recevez. Faites même des entrevues avec vos clients et présentez le succès qu'ils obtiennent avec vous. Ne soyez surtout pas gêné ! Je sais que plusieurs entrepreneurs, oui surtout des femmes, ne veulent même pas se montrer sur les réseaux sociaux ni même en photos ! C'est primordial pour démontrer votre valeur au monde.

Créez-vous un environnement de travail qui fait *wow*, qui est de première classe. Dotez-vous d'une garde-robe qui vous ressemble. D'ailleurs, si vous travaillez en ligne, ne diminuez jamais votre valeur en *travaillant en mou* même si c'est très tentant, je l'avoue. Maintenez exactement les mêmes standards, que vous soyez en ligne ou en personne. C'est capital sur votre valeur.

Gardez-vous dcs moments en pleine semaine — oui pendant que tout le monde travaille — pour aller magasiner, vous entraîner, jouer au golf, aller au spa, ou encore vous faire masser. Votre message à l'Univers est clair. Vous avez tellement confiance en lui que vous vous permettez d'honorer votre valeur pendant qu'il conspire pour vous envoyer des clients. C'est extraordinaire à vivre ! Enfin, créez le maximum de valeur non seulement dans votre entreprise mais partout ! Comment ? C'est ce que nous verrons dans quelques instants.

Comment créer de la valeur

Que ce soit dans votre quotidien, au travail ou en affaires, en créant de la valeur partout où vous passez, vous l'augmentez à la vitesse de la lumière, ou presque ! À la maison, complimentez votre partenaire, prenez soin de lui, apportez-lui même son café ! Soyez fier de vos enfants et dites-leur pourquoi vous l'êtes. Encouragez-les dans leurs activités.

Peu importe où vous êtes, demandez-vous comment en ce moment même vous pouvez créer plus de valeur. Cela peut tout simplement être en souriant à un étranger, en ouvrant la porte à une maman qui a de la difficulté à l'ouvrir avec la poussette, en aidant une personne âgée à traverser la rue, etc.

Au travail, rendez-vous disponible pour vos collègues, que ce soit pour les écouter, pour rire ou encore pour leur rendre service. Demandez-vous comment vous pouvez encore mieux servir votre employeur et passez à l'action. Mettez-vous en mode d'amélioration continue. Faites des propositions, soyez proactif, développez votre leadership.

Enfin, dans votre entreprise, créez des programmes haut de gamme. Limitez le nombre de places. Ajoutez un effet de rareté ou d'exclusivité, par exemple une date limite pour s'inscrire. Ajoutez aussi différents formats pour partager votre contenu, que ce soit par vidéo, MP3, PDF, etc. Offrez des bonus de différentes natures et diverses valeurs, comme des billets ou des accès gratuits, un appel de groupe ou une séance privée supplémentaire, un cadeau, un livre. Créez un effet *wow* en envoyant des fleurs. Offrez un soutien de plus grande valeur par courriel ou encore via un groupe Facebook.

En résumé, pour augmenter votre valeur, vous devez d'abord être en mesure de la reconnaître. Puis vous avez deux options, soit de vivre la transformation qui vous permettra de passer le prochain niveau d'expansion, soit de commencer dès maintenant à créer de la valeur au quotidien. Bien sûr, l'idéal est de faire les deux. Enfin, vous pourrez augmenter encore plus votre valeur en changeant tout simplement vos croyances par rapport à l'Argent.

Comment reconnaître vos croyances par rapport à l'Argent

Peu importe les croyances, celles-ci sont généralement inconscientes et proviennent de différentes sources, soit de la famille, de la société, de la religion, des expériences passées comme des blessures et des mémoires. Conséquemment, que vous le vouliez ou non, tout comme moi, vous êtes continuellement influencé par différentes croyances puisque celles-ci font partie de notre quotidien.

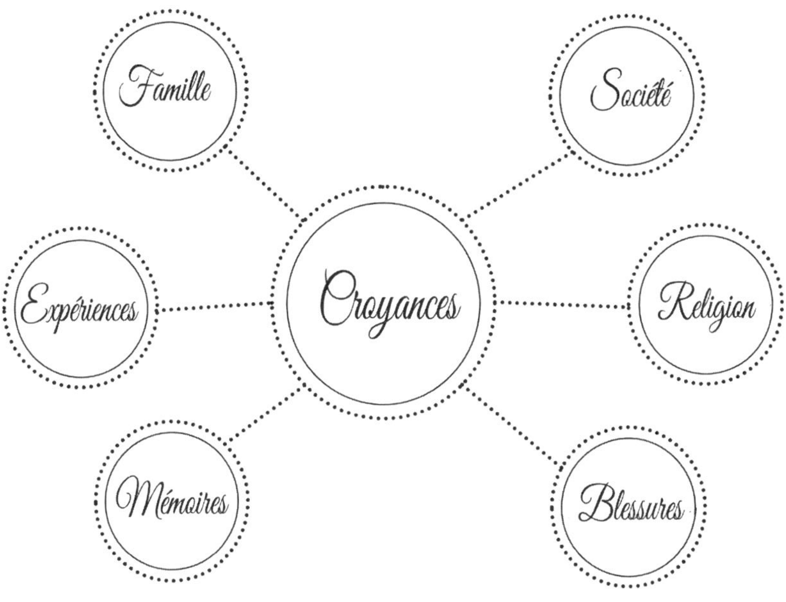

LES DIFFÉRENTES SOURCES DE CROYANCES

En fait, tout part de vos croyances. Conséquemment, ce sont donc vos croyances actuelles qui créent votre situation financière du moment, comme ce sont vos nouvelles croyances qui créeront votre future réalité financière et qui vous permettront d'accéder à la liberté financière.

À ce sujet, Tony Robins[32], considéré comme le plus grand coach au monde, rapporte que 80 % de notre capacité à générer de l'Argent vient de nos croyances et que 20 % seulement provient de nos habiletés et compétences par rapport à l'Argent. C'est donc dire que, peu importe la situation financière dans laquelle vous vous retrouvez actuellement, celle-ci est le résultat de vos propres croyances. Personne d'autre que vous ne peut donc être tenu responsable de ce que vous vivez présentement. Si vous cherchez un coupable, cherchez dans vos croyances, vous ferez de belles découvertes et, la bonne nouvelle, c'est que vous pouvez toutes les changer si vous le voulez!

Les croyances au niveau de la société et de la religion

Toutes les croyances qui ont été transmises par l'Église sont encore celles qui ont le plus d'emprise sur la société, lesquelles sont aussi fidèlement transmises de génération en génération. Voici quelques croyances qui sont encore trop véhiculées dans la société d'aujourd'hui et qui sont totalement désuètes:

- Il faut travailler fort pour avoir de l'Argent.
- Les riches sont des profiteurs et des voleurs.
- L'argent, c'est sale.
- Être né pour un petit pain.
- C'est dangereux d'avoir trop d'Argent.
- C'est dangereux de faire trop d'Argent.

---

32 https://www.tonyrobbins.com/

- C’est interdit de faire de l’Argent en faisant ce qu’on aime.
- C’est interdit de faire plus d’Argent que ses parents ou son partenaire.
- C’est interdit de recevoir de l’Argent sans l’avoir travaillé.
- Tout devrait être gratuit.
- L’important, c’est d’être en santé.
- L’important, c’est l’amour.
- L’important, c’est d’aider les autres.
- On n’apportera pas l’Argent au paradis, l’important, c’est d’être heureux.

Ces dernières croyances soulèvent bien des dilemmes dès que le sujet de l’Argent est abordé, comme si c’était impossible de tout avoir. Beaucoup de personnes se retrouvent donc prisonnières et confrontées à faire un choix qui, d’une façon ou d’une autre, ne les laissera pas en paix. L’Argent ou la santé ? L’Argent ou l’amour ? L’Argent ou le bonheur ? L’Argent ou le matériel ? L’Argent ou la spiritualité ? L’Argent ou aider les autres ? Pourquoi devoir constamment choisir entre l’un ou l’autre ? Pourquoi ne pas tout simplement choisir d’avoir les deux ?

Imaginez devoir constamment choisir entre vos deux jambes ou vos deux bras, lesquels choisiriez-vous ? Pourquoi vous imposer de devoir faire un choix aussi déchirant ? Non seulement vous avez le droit d’avoir les deux et de vous sentir en paix avec les deux, mais vous avez besoin autant l’un que de l’autre sur terre. C’est ainsi que vous avez été créé et que vous pourrez vivre pleinement votre expérience terrestre.

Par exemple si vous faites partie des personnes qui refusent l’Argent au nom de la spiritualité, vous refusez non seulement votre incarnation mais également votre mission. Comment pensez-vous réellement pouvoir apporter votre plus grande contribution au monde si vous n’en faites pas totalement partie ?

Personnellement, je me suis sentie longtemps en conflit entre être spirituelle et faire de l'Argent et je croyais profondément que c'était impossible d'avoir les deux. Comme je voyais ma mère dans la spiritualité et mon père travailler dans les finances, pour moi, c'était clair que je devais choisir. D'autant plus qu'à cette époque, la croyance populaire voulait que la spiritualité soit plus « in » que l'Argent et le matériel.

C'est en transformant ma relation avec l'Argent que j'ai réalisé que je pouvais avoir les deux parce je suis spirituelle depuis toujours. Cela fait même partie de mon ADN. D'autre part, c'est un droit de naissance de faire de l'Argent. Cela aussi fait partie de mon ADN comme cela fait partie du vôtre. D'ailleurs, à ce sujet, je partage avec vous une pensée de Omraam Mikhaël Aïvanhov[33], philosophe, pédagogue français et grand maître spirituel :

« Qui peut nier que l'argent soit une des principales préoccupations des humains ? D'un côté, c'est naturel, car il leur procure leurs moyens de subsistance, mais le danger, c'est que cette pensée de l'argent finisse par les obnubiler : ils ne voient plus les bonnes qualités des autres, ils deviennent exigeants, durs, cruels. Faire des profits, voilà uniquement ce qui compte. Mais être absolument indifférent à l'argent n'est pas bon non plus. Tous ceux qui croient que, pour être des spiritualistes il faut vivre sans aucune préoccupation matérielle, deviennent en réalité des fardeaux pour la société, des parasites. Tant que nous sommes sur la terre et que les choses sont organisées comme elles le sont, on a besoin d'argent. Peut-être que dans l'avenir on pourra le supprimer et le remplacer par l'amour ; oui, car l'amour est une monnaie qui dépasse toutes les autres. Mais l'humanité n'est pas encore arrivée à accepter cette monnaie, et puisque l'argent aura encore cours un certain temps, il faut

---

33 https://prosveta.ca/omraam-mikhaël-aïvanhov

apprendre à penser correctement à son sujet afin de ne jamais tomber dans ses pièges[34]. »

D'autre part, prenons quelques instants pour revenir sur le syndrome de mère Teresa puisqu'il existe chez beaucoup de personnes, surtout chez les femmes qui se lancent en affaires pour aider les autres. Elles se retrouvent alors dans une situation conflictuelle, voire déchirante, entre aider les gens et faire de l'Argent.

D'ailleurs, elles sont les premières à dire qu'elles ne souhaitent qu'aider les gens et qu'elles ne veulent pas d'Argent. De plus, au fond de leur cœur, elles rêvent de pouvoir offrir gratuitement leur aide. Ce faisant, non seulement elles ne réalisent pas à quel point elles mettent leur valeur en jeu, mais elles la remettent à zéro complètement. C'est d'ailleurs ce qui peut expliquer pourquoi les clients ne sont pas en mesure de reconnaître la réelle et juste valeur de votre service si vous l'offrez gratuitement. Ils ne peuvent voir plus de valeur que celle que vous vous accordez.

Alors encore une fois, pourquoi ne pas avoir aider les gens tout en faisant de l'Argent? Car deux fois plus d'Argent permet d'aider deux fois plus de personnes, non? À l'inverse, sans Argent, vous ne pourrez pas aider beaucoup de gens, ni soutenir le rythme pendant longtemps. Vous risquez de tomber rapidement dans le manque d'énergie, la fatigue, voire même l'épuisement de tout avoir donné.

Donc, dès que vous croyez devoir choisir entre l'Argent et quelque chose d'autre, vous êtes perdant puisque, dans votre tête, jamais l'Argent ne peut gagner. Si c'était le cas, l'Argent serait mieux que l'amour, le bonheur, la santé, aider les autres, etc., et vous seriez le premier à vous juger sévèrement pour

---

34 https://prosveta.ca/argent-comment-le-considérer_2011-02-17?

votre choix. C'est donc un conflit de valeurs majeur dans lequel il n'y a pas d'issues, à moins que vous commenciez à voir autrement l'Argent et à changer vos croyances. C'est d'ailleurs ce que résume très bien Neale Donald Walsh[35], dans cet extrait de son livre « Conversations avec Dieu »[36] :

> « Tu entretiens la pensée que l'argent est mauvais. Tu entretiens également la pensée que Dieu est bon. Mille fois merci ! Par conséquent, dans ton système de pensée, Dieu et l'argent ne font pas bon ménage.
>
> Ce qui rend les choses intéressantes, c'est que tu peux difficilement considérer l'argent comme une bonne chose.
>
> C'est-à-dire que si tu trouves qu'une chose est très *bonne*, tu lui accordes une valeur moindre en termes monétaires. Alors, *meilleure* elle est (c'est-à-dire plus grande est sa valeur), moins elle vaut en termes d'argent.
>
> Tu n'es pas le seul dans ce cas toute ta société entretient cette croyance. Par conséquent, vos enseignants reçoivent un salaire dérisoire et les strip-teaseuses, une fortune. Vos leaders font si peu, en comparaison des vedettes du sport, qu'ils se croient obligés de voler pour compenser la différence. Vos prêtres et vos rabbins vivent de pain et d'eau alors que vous lancez de l'argent aux vedettes du spectacle.
>
> Penses-y si tu accordes à une chose une valeur intrinsèque élevée, tu insistes pour qu'elle soit bon marché. Le chercheur scientifique solitaire qui cherche un remède au sida quémande sans cesse de l'argent, tandis que la femme qui écrit un livre sur les cent nouvelles façons de faire l'amour et produit des cassettes et des séminaires de fins de semaine pour l'accompagner… récolte une fortune.

---

35 https://fr.wikipedia.org/wiki/Neale_Donald_Walsch

36 Walsh, Neale Donald. *Conversations avec Dieu,* tome 1, Ariane Éditions, 1997.

Cette façon de penser contradictoire est une propension que vous avez ; elle vient d'une idée fausse.

Cette idée fausse, c'est celle que vous entretenez sur l'argent. Vous aimez l'argent, mais vous dites que c'est la racine de tout mal. Vous l'adorez, mais vous l'appelez *fric*. Vous dites qu'une personne est *salement riche.* Et si une personne devient vraiment riche en faisant de *bonnes* choses, elle devient immédiatement suspecte. Vous dites que c'est *mauvais.*

Ainsi, un médecin ne doit pas gagner trop d'argent, à moins d'apprendre à être discret sur ce point. Et un pasteur — holà ! Il vaut vraiment mieux qu'il ou elle ne gagne pas beaucoup d'argent (en prenant pour acquis que vous laisseriez une femme être pasteur), sinon, il ou elle aura à coup sûr des problèmes.

Tu vois, dans ton esprit, une personne qui choisit la vocation la plus élevée doit être la moins bien payée…

Hmmm.

Oui, *hmmm,* tout à fait. Penses-y comme il faut, car c'est une idée complètement fausse.

Je croyais que le bien et le mal n'existaient pas.

C'est vrai, il n'y a que ce qui te sert et ce qui ne te sert pas. Les termes *bon* ou *mauvais* sont relatifs, et les seules fois où Je les utilise, c'est ainsi. Dans ce cas-ci, en relation avec ce qui te sert (par rapport à ce que tu dis vouloir), tes idées sur l'argent sont fausses.

Rappelle-toi, les pensées sont créatives. Alors, si tu crois que l'argent est mauvais mais que tu te crois bon… eh bien, tu peux voir le conflit.

Alors toi, en particulier, Mon fils, tu agis carrément en fonction de cette conscience collective. Pour la plupart des gens, le conflit n'est pas aussi énorme que pour toi.

Comme la plupart des gens font des choses qu'ils détestent pour gagner leur vie, ils n'ont pas d'objection à recevoir de l'argent en retour. Un *mal* pour un *mal,* pour ainsi dire. Mais toi, tu aimes ce que tu fais de ta vie. Tu adores les activités dont tu la remplis à craquer.

Donc, le fait de recevoir de grosses sommes d'argent en échange de tes services serait, dans ton système de pensée, recevoir un *mal* pour un *bien* et c'est inacceptable à tes yeux. Tu préférerais crever de faim plutôt que de recevoir du *fric* pour un pur service… comme si, d'une certaine façon, le service perdait sa pureté si tu recevais de l'argent en échange.

On obtient alors cette véritable ambivalence à propos de l'argent. Une part de toi le rejette et une part de toi a du ressentiment de ne pas en avoir. L'univers ne sait pas quoi faire de cela, car il a reçu deux pensées différentes de ta part. C'est pourquoi ta vie, en ce qui concerne l'argent, connaît des hauts et des bas, car tu vas de haut en bas à propos de l'argent.

Ton point de vue n'est pas clair ; tu n'es pas vraiment certain de ce qui est vrai pour toi. Et l'univers n'est qu'une grande photocopieuse ; elle ne produit que des copies multiples de tes pensées.

Par conséquent, il n'y a qu'une façon de changer tout cela tu dois changer l'idée que tu t'en fais. »

Je vous propose donc d'entrer dans une nouvelle série de croyances. Ainsi, plus vous aidez de gens, plus vous attirez l'Argent, et plus vous attirez l'Argent, plus vous aidez les gens. Plus vous aidez de gens, plus vous êtes heureux et en santé. Plus vous êtes heureux et en santé, plus vous vibrez l'amour et rayonnez dans votre lumière. Plus vous vibrez l'amour et rayonnez dans votre lumière, plus vous attirez de gens qui ont besoin de votre aide. Plus vous aidez de gens, plus vous attirez l'Argent, voilà ! Qu'en dites-vous ?

Enfin, même si vous ne pourrez pas apporter d'Argent au paradis, tout ce que vous aurez accompli grâce à cet Argent, lui, vous l'apporterez avec vous. Vous avez donc la possibilité de contribuer à un monde meilleur et je dirais même que vous avez la responsabilité de le laisser dans un meilleur état qu'à votre arrivée sur terre. Je suis certaine que vous devinez maintenant comment faire pour y arriver. Et, oui, avec de l'Argent! Celui-ci contribuera à plus d'amour, plus de santé, plus de bonheur et de joie.

Les croyances au niveau de la famille

Regardez tout d'abord dans votre enfance puisqu'elle renferme les croyances qui vous ont été transmises par vos parents, vos grands-parents, vos oncles et tantes. Rappelez-vous ce que disaient vos proches à propos de l'Argent? Des riches? Des pauvres? Quelle était leur opinion? Pensez également à leurs comportements vis-à-vis de l'Argent. Regardez également qui était la personne de référence pour l'Argent dans la famille. Qui était considéré comme «le riche»? Ou encore étiqueté comme le «pauvre» de la famille? Comment étaient-ils perçus? Et à qui vous identifiez-vous maintenant et pourquoi?

Les croyances au niveau des mémoires

Les mémoires se retrouvent à deux niveaux. Premièrement, au niveau des générations passées, avez-vous eu connaissance d'événements marquants en lien avec l'Argent? la faillite? la pauvreté? Si oui, quels sont-ils? Ces événements sont d'une grande importance puisque tout ce qui n'a pas été réglé par les générations passées sera nécessairement transmis aux générations futures pour que ça puisse enfin se libérer. C'est ce qui peut expliquer, entre autres, pourquoi d'une génération à une autre les hommes de la lignée ont tous fait faillite, par exemple.

Je dis les hommes, car il y a peu de femmes qui ont été en affaires de génération en génération jusqu'à maintenant.

D'autre part, les mémoires peuvent faire référence aux vies passées. Ainsi, comparativement aux âmes qui en sont à leurs premières expériences terrestres, les personnes qui ont l'impression d'être de « vieilles âmes » pourraient avoir plus de difficulté avec l'Argent. Par exemple, elles peuvent porter depuis longtemps des charges émotionnelles, des blessures et traumatismes liés à leurs vies antérieures. De plus, plusieurs de ces mémoires se sont transmises de génération en génération, ce qui rend le bagage d'expériences terrestres douloureuses encore plus lourd à porter.

De plus, ces personnes peuvent porter des mémoires de pauvreté et de manque liées aux vies passées, avoir fait vœu de pauvreté pour gagner leur ciel ou encore avoir prêté serment, ce qui pourrait se poursuivre d'une vie à une autre et avoir encore un impact dans la vie actuelle. Elles peuvent également avoir peur d'abuser de leur pouvoir si elles ont de l'Argent, que ce soit la peur pour elle-même ou pour les autres. Elles ont besoin de se sentir en sécurité à ce niveau.

Quant aux « nouvelles âmes », ces dernières n'ayant pas accumulé de bagages, de mémoires ni de blessures du passé, elles ne portent donc pas la même charge émotionnelle. Leur relation avec l'Argent est alors beaucoup plus facile. Juste à regarder les nouvelles générations pour comprendre que la relation avec l'Argent est tout à fait différente.

Les croyances au niveau des blessures du passé

Comme j'ai longuement abordé ce sujet dans mon premier livre[37], je veux tout simplement vous rappeler ce qui peut

---

37 Lefebvre, Isabelle. *100 % Alignée 100 % Assumée — Tout est possible! Ibid.*

se passer au niveau des croyances quand une blessure du passé est présente. En fait, une blessure qui est active réveillera automatiquement la peur de vivre la blessure de nouveau, et ce, peu importe la blessure. Par exemple, si la blessure de l'abandon est activée en vous, vous expérimenterez la peur d'être abandonné si vous gagnez plus ou trop d'Argent, alors que si votre blessure de rejet est active, vous aurez peur d'être rejeté si vous en gagnez trop. La blessure d'abus vous laissera facilement croire que tout le monde abuse de votre Argent ou vous aurez peur de vous faire abuser financièrement. Si c'est la blessure d'injustice qui est active, vous subirez des injustices financières ou vous en créerez vous-même sans toutefois vous en rendre compte. Avec la blessure d'humiliation, vous attirerez des événements où vous vous sentirez humilié comme à la petite école, ou avec la blessure de dévalorisation, vous ferez tout, inconsciemment bien sûr, pour diminuer votre valeur, et vous attirerez des situations où vous aurez l'impression de ne rien valoir. Enfin, plus vous serez dans la croyance d'une blessure, plus la peur grandira et risquera de se réaliser, malheureusement.

Les croyances au niveau des expériences passées

Les expériences passées font référence à toutes les expériences que vous avez vécues en lien avec l'Argent depuis votre jour 1 sur terre, et même avant durant la grossesse. À cet effet, est-ce que des événements particuliers se sont passés pendant que vous étiez dans le ventre de votre mère ? Par exemple, les fins de mois difficiles, la perte d'un emploi, la peur de ne pas arriver financièrement avec un enfant, une faillite, etc. Si oui, les impacts seront encore plus grands puisque vous avez ressenti tout ce que vos parents ont vécu durant cette période.

Votre naissance aura également des répercussions sur votre relation avec l'Argent. Bien qu'on ne puisse pas parler d'Argent à proprement dit, vos premières expériences avec l'abondance remontent en effet à votre naissance. Par exemple, avez-vous pu prendre une bonne première grande respiration ? Avez-vous pu expérimenter la joie d'être allaité à la demande et même plus, pendant longtemps ? Avez-vous reçu toute l'abondance affective et nécessaire à votre plein développement ? Que ce soient les câlins, les caresses, les touchers et contacts physiques, etc.

Si oui, alors l'expérience terrestre symbolise l'abondance pour vous depuis le début de votre incarnation. Toutes ces premières expériences ont forgé vos croyances en termes d'abondance et, éventuellement, en termes d'Argent. Par exemple, je pense à l'arrivée de mon dernier bébé qui a pris cette fameuse première grande respiration avec vigueur pour ensuite prendre le sein du premier coup. Deux premières expériences positives dès son arrivée sur terre ! Tout un début en puissance ! Sans compter les multiples câlins de son frère et de sa sœur, tout comme les trois ans et demi d'allaitement qui ont suivi. De l'abondance à l'état pur ! Aujourd'hui âgé de huit ans, il est encore dans cet état d'abondance.

Si, au contraire, vous avez expérimenté le manque dès votre arrivée sur terre, c'est ce qui a pu s'enregistrer au niveau de vos croyances. Par exemple, à ma naissance, j'avais le cordon ombilical autour du cou, j'ai donc possiblement manqué d'air ou j'ai eu la sensation d'en manquer. Puis, j'ai pleuré durant mes six premières semaines de vie. Suivant les recommandations médicales de l'époque, ma mère n'avait aucune idée de l'origine de mes pleurs jusqu'au moment où elle m'a donné de la nourriture solide et que mes pleurs ont cessé. Ces expériences de manque ont pu avoir un impact négatif sur mes croyances.

Comme vous pouvez le constater, les premières expériences sur terre, que ce soit avec l'air, le lait et l'affection, sont d'une importance capitale pour ancrer, dès le départ, un état d'abondance ou de manque. Par la suite, ce seront les premières expériences avec l'Argent qui seront déterminantes.

À ce sujet, vous rappelez-vous de vos premiers souvenirs avec l'Argent ? Vos premières expériences avec l'Argent ? Quels sont les événements que vous avez vécus durant votre enfance avec l'Argent ? Avez-vous entendu ou vu quelque chose de marquant par rapport à l'Argent ? Avez-vous plutôt vécu quelque chose de particulier ? Quels ont été vos apprentissages par rapport à l'Argent ?

Puis, pensez à premières expériences de travail. Comment vous êtes-vous senti quand vous avez reçu votre première paie ? Rappelez-vous que ce sont vos expériences qui forgent vos croyances par rapport à l'Argent pour créer des situations répétitives par la suite.

Comment transformer vos croyances par rapport à l'Argent

Vous devez tout d'abord savoir que vous ne pourrez jamais avoir plus de résultats que vos croyances, et ce, peu importe les stratégies que vous mettrez en place. Comme mentionné d'entrée de jeu, tout part effectivement de vos croyances. Ainsi, pour changer de situation financière, vous devez changer vos croyances. C'est un *must* !

Pour ce faire, vous avez d'abord à identifier vos croyances. Comme je l'ai mentionné précédemment, observer les mots que vous utilisez peut être extrêmement révélateur quant à vos croyances par rapport à l'Argent. La meilleure façon de les découvrir est de vous analyser durant vos conversations, que ce soit avec votre partenaire, vos parents, vos amis, vos collègues, etc. Écoutez-vous, regardez-vous. Détournez-vous le sujet vers autre chose ou, au contraire, parlez-vous d'Argent avec assurance et confiance ?

De plus, observez ce que vous dites à vos enfants à propos de l'Argent. Par exemple, la différence est énorme entre « on ne peut pas se le payer » *versus* « je fais le choix de ne pas l'acheter pour le moment». Observez aussi vos prises de positions, vos opinions et réactions par rapport à l'Argent et aux riches, en général.

Ensuite, faites un bref retour dans le passé afin de déterminer l'origine d'une croyance spécifique. Demandez-vous qui parle à travers cette croyance. Est-ce votre père? votre mère? ou une tout autre personne significative pour vous? Si vous ne pouvez pas l'identifier clairement, ne vous ne faites pas, vous pourrez la transformer quand même.

Puis demandez-vous tout simplement si, en date d'aujourd'hui, c'est encore utile de penser ainsi. Questionnez-vous à savoir dans quelle mesure cette croyance vous sert encore et vous permet d'atteindre vos objectifs. Si elle n'est plus utile et ne vous sert plus, alors il est temps de simplement la supprimer et de la remplacer.

Pour y arriver, écrivez une nouvelle croyance par rapport à l'Argent. Assurez-vous qu'elle soit positive, spécifique et orientée vers le futur. De plus, assurez-vous aussi qu'elle fasse naître une émotion positive en vous, qu'elle vous fasse vibrer et entrer pleinement dans votre puissance. Et ne vous en faites pas si, à première vue, votre nouvelle croyance ne semble pas authentique et paraisse sonner faux, ce n'est pas grave. Avec le temps, elle deviendra votre nouvelle vérité et votre nouvelle réalité.

Pour vraiment vous sentir en paix dans votre relation avec l'Argent, voici un puissant exercice d'Alexandre Nadeau[38] que je vous invite à faire aussi souvent que vous en aurez besoin. Imaginez que vous arrivez chez vos parents et que vous leur dites combien vous gagner. Comment vous sentez-vous? Quelle est leurs réactions? Faites cet exercice jusqu'au moment où vos parents et vous-même serez fiers de vous.

---

38 https://alexandrenadeau.com/

Pour terminer, tout est une question de votre propre perception de votre valeur tout comme une question de vos croyances. Celles-ci font de vous qui vous êtes et façonnent naturellement votre relation avec l'Argent. C'est en augmentant votre perception de votre valeur ainsi qu'en changeant vos croyances que vous pourrez transformer le plus rapidement possible votre relation avec l'Argent, laquelle viendra par la suite déterminer ce que vous ferez, votre revenu ou votre chiffres d'affaires. C'est ce que nous verrons dans quelques instants.

CHAPITRE 6

COMMENT VOTRE RELATION AVEC L'ARGENT DÉTERMINE CE QUE VOUS FAITES, VOTRE REVENU OU VOTRE CHIFFRE D'AFFAIRES

« Les pensées mènent aux émotions, les émotions mènent aux actions et les actions mènent aux résultats. »

T. HARV EKER

Jusqu'à maintenant nous avons vu à quel point le passé, la relation de couple, la perception de valeur tout comme les croyances influencent la relation avec l'Argent. Ces dernières ont d'ailleurs été largement abordées dans le chapitre précédent puisque tout part des croyances. Elles expliquent donc en grande partie votre relation avec l'Argent tout comme votre situation financière actuelle et, dans quelques instants, vous comprendrez exactement comment. Si jamais vous avez passé rapidement sur vos croyances, je vous invite fortement à relire le chapitre 5.

Par contre, bien qu'elles soient effectivement le point de départ, les croyances ne sont pas les seules en jeu. Au contraire, elles déclenchent une réaction en chaîne. Personnellement, ce fut une révélation quand je l'ai découvert. En fait, j'ai réalisé à quel point j'avais beaucoup plus de contrôle sur ma situation financière que je ne pouvais l'imaginer et que j'avais le pouvoir de tout changer.

Cette réaction en chaîne illustre très bien l'impact de vos croyances sur votre relation avec l'Argent, comme sur le résultat final que vous obtiendrez. Celui-ci correspondra à votre revenu ou à votre chiffre d'affaires actuel, à moins de vous retrouver en présence d'autosabotage ou d'un plafond de verre. Aujourd'hui, je vous présente donc ma version de cette réaction en chaîne inspirée par T. Harv Eker, conférencier et auteur du livre *Secrets of the Millionnaire Mind* [39] et Kendall SummerHawk[40], coach d'affaires de renommée internationale.

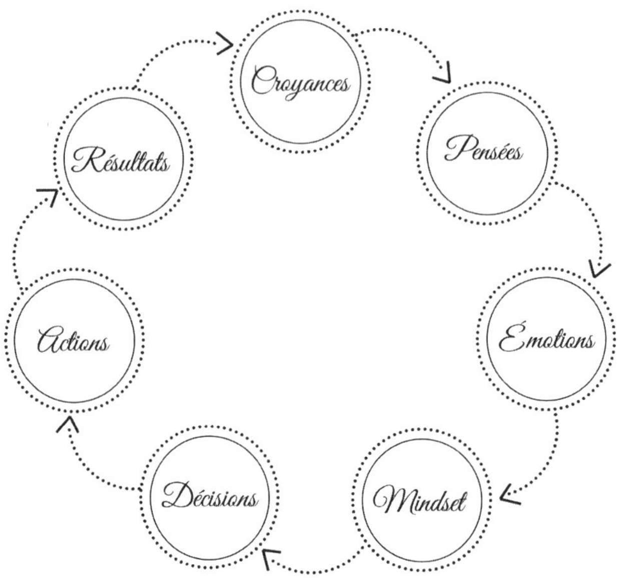

LA RÉACTION EN CHAÎNE EN LIEN À VOTRE RELATION AVEC L'ARGENT

---

39 Eker, T. Harv. *Secrets of the Millionnaire Mind,* Harper Business, 2005, 224 pages.
40 www.kendallsummerhawk.com

Comme vous pouvez le constater, vos croyances généreront en vous certaines pensées puis des émotions, lesquelles vous propulseront dans un certain mindset. De cet état d'esprit, vous aurez à prendre certaines décisions qui détermineront ensuite les actions que vous poserez. À la fin, les résultats que vous obtiendrez seront donc entièrement tributaires de cette réaction en chaîne. C'est ainsi qu'à partir de vos croyances, votre relation avec l'Argent déterminera vos décisions, donc ce que vous ferez et, au final, combien vous gagnerez.

C'est une boucle qui tourne déjà sans cesse, que vous le vouliez ou non. Si vous n'obtenez pas les résultats désirés, vous avez donc le choix de poursuivre dans ce cercle indéfiniment ou de changer vos croyances pour créer un cercle vertueux. Vous avez le choix parce que vous avez le pouvoir de tout changer. En effet, vous avez du pouvoir sur chacun des événements qui compose la réaction en chaîne. Regardons-les un à un maintenant à partir des pensées, puisque les croyances ont largement été abordées dans les chapitres précédents.

Les pensées

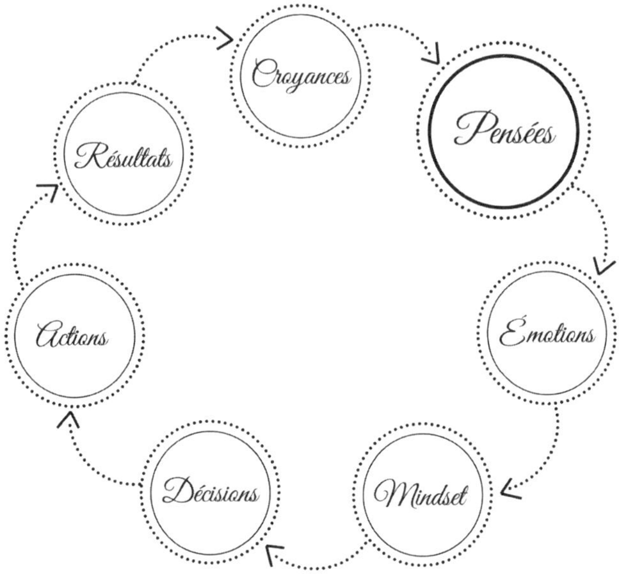

LA RÉACTION EN CHAÎNE : LES PENSÉES

De nos croyances, lesquelles sont en grande partie inconscientes, naissent plus de pensées que notre capacité à en gérer. En effet, selon Dr Daniel Amen[41], psychiatre américain, neuroscientifique et spécialiste de l'imagerie du cerveau de renommée mondiale, le cerveau génère environ 60 000 pensées par jour. Ce qui peut représenter environ une pensée par seconde en période d'éveil de jour. De plus, les mêmes pensées semblent revenir continuellement puisque 95 % de celles-ci seraient les mêmes d'une journée à l'autre. De ce nombre, 80 %, donc 48 000 seraient plutôt de nature négative, bien que leur intention soit de nous éviter un danger, comme de nous protéger et de nous garder en vie. Considérant que le cerveau est biologiquement

41 Amen, Daniel. *Change your brain, change your life,* Harmony, 2015, 480 pages.

programmé pour assurer sa propre survie et celle de l'espèce, cela fait bien du sens[42,43].

Comme les pensées sont puissantes, elles ont donc un effet direct sur vos émotions et sur comment vous pouvez vous sentir. En effet, pour chaque pensée négative, telle que « je ne suis pas capable de faire ça, je suis bon à rien, je suis nul, etc. », le cerveau libère une dose d'hormones qui vous amène à vous sentir mal. Répétées jour après jours, ces pensées vous font reproduire toujours les mêmes comportements négatifs.

À l'inverse, pour chaque pensée positive, comme « je suis bon, j'ai confiance, je peux y arriver, etc. », le cerveau libère des hormones qui vous permettent de vous sentir bien et d'avoir jour après jour des comportements bienveillants envers vous et les autres.

Pour vous libérer des pensées négatives, vous devez d'abord savoir les reconnaître. Dr Amen réfère à neuf catégories de pensées négatives automatiques[44], donc qui surgissent de nulle part et qui ont un impact sur vous :

1. Les pensées qui font référence à tout ou rien et qui laissent croire que tout est bon ou que tout est mauvais.
2. Les pensées qui généralisent en utilisant des mots comme toujours, jamais, personne, tout le monde, à chaque fois, tout.
3. Les pensées qui ne font que voir le négatif dans chaque situation.
4. Les pensées qui n'entrevoient que le pire qui peut arriver sans preuve.

---

42 http://icbt.ca/mission/

43 https://www.neosante.eu/la-biologie-totale-exactement/

44 https://www.amenclinics.com/blog/gain-control-over-negative-self-talk/

5. Les pensées qui vous laissent croire que vous savez ce que l'autre pense même s'il ne vous l'a pas dit.
6. Les pensées qui vous amènent à croire que vous vivez des émotions négatives sans les remettre en question.
7. Les pensées qui culpabilisent en utilisant les mots comme *devrait* ou *doit.*
8. Les pensées qui mettent une étiquette négative sur vous ou sur quelqu'un d'autre.
9. Les pensées qui vous amènent à blâmer les autres pour ce que vous vivez.

Pour vous libérer des pensées négatives, il existe plusieurs façons de faire. L'Emotional Technic Freedom (EFT)[45] et l'Ho'oponopono[46] sont deux techniques super puissantes que vous pouvez utiliser à toutes les fois qu'une pensée négative vient vous hanter.

Vous pouvez également vous poser les questions suivantes dès qu'une pensée négative se présente[47] :

1. Est-ce que cette pensée est vraie ?
2. Est-ce que je peux réellement savoir que cette pensée est vraie ?
3. Comment est-ce que je réagis ou que je me sens quand je ravive cette pensée ?
4. Qui serais-je ou comment est-ce que je me sentirais sans cette pensée ?

---

45 https://www.sophiemerle.com/

46 https://joevitalehooponopono.com/success-hooponopono/

47 https://brainmd.com/blog/how-to-stop-negative-thoughts/

Les émotions

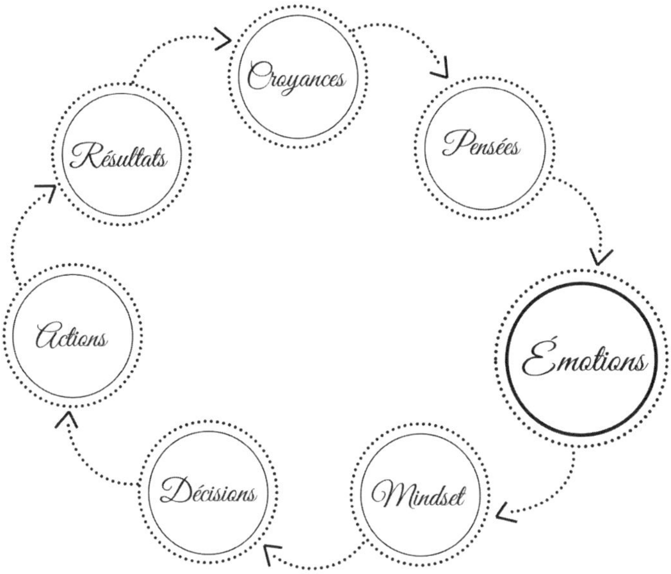

LA RÉACTION EN CHAÎNE : LES ÉMOTIONS

À partir des multiples pensées qui surgissent dans votre cerveau en continu, des hormones sont libérées par votre cerveau, lesquelles génèrent par la suite des émotions qui vous amènent à vous sentir bien ou à ressentir certains malaises. Vous avez à prendre conscience de ces émotions, lesquelles correspondent à un certain état vibratoire, soit de contraction, soit d'expansion.

Dans l'état vibratoire de contraction, vous ressentez de la contraction partout dans votre corps, votre cœur, votre âme. La tristesse, la colère, la peur vous envahissent. Certaines blessures du passé sont activées. Vous vous repliez sur vous-même. Avec le temps, vous risquez d'expérimenter certains malaises ou maux, voire même des problèmes de santé.

À l'inverse, dans l'état vibratoire d'expansion, vous avez l'impression d'être comme un soleil. Vous émanez de l'intérieur pour rayonner vers l'extérieur. Vous vous sentez connecté, le cœur ouvert, dans votre pleine puissance, *100 % Aligné 100 % Assumé.* Tout est fluide. Vous êtes en cocréation avec l'Univers, avec la vie et vous vous sentez soutenu complètement. Vous vibrez l'amour, l'harmonie, la paix et la joie.

Par ailleurs, ces deux états vibratoires correspondent également à des niveaux de conscience tels qu'on a vus au chapitre 1. Dans l'état vibratoire de contraction, vous êtes nécessairement dans le niveau de conscience de la survie ou de la sécurité, alors que vous commencez à ressentir un état vibratoire d'expansion à partir du niveau de conscience de l'alignement. Bien entendu, l'expansion sera à son maximum dans les niveaux de conscience de succès et de service.

D'autre part, Dr David R. Hawkins[48], psychiatre, physicien, chercheur et conférencier de renommée internationale, a créé une échelle de conscience calibrée comprenant 17 états de conscience, soit 8 états négatifs, qui ont un impact négatif sur la vie, et 9 états positifs qui la soutiennent la vie. Le point de bascule entre les deux se situant au niveau du courage à 200.

Toutefois, seulement 15 % de la population se retrouvent en haut du niveau du courage, de la vibration de 200, donc dans des niveaux de conscience supérieurs correspondant à un état vibratoire d'expansion. 85 % des gens vivent donc quotidiennement dans des états de conscience inférieurs, soit dans un état vibratoire de contraction. Malheureusement, pour une grande majorité d'entre eux, le seul fait d'en prendre conscience sera un énorme défi. En effet, ceux-ci vivent tellement depuis longtemps dans le même état que c'est leur mode de vie par défaut. Ils n'ont même aucune idée de l'existence d'autres états.

---

48 Hawkins, David. *Pouvoir contre force*, Guy Trédaniel Éditeur, 2018, 332 pages.

Niveau	Vibration	Émotion	Vue de la Vie
Illumination	700 - 1000	Indicible	La Vie EST
Paix	600	Béatitude	Parfaite
Joie	540	Sérénité	Complète
Amour	500	Respect	Bienveillante
Raison	400	Compréhension	La Vie a du sens
Acceptation	350	Pardon	Harmonieuse
Volonté	310	Optimisme	Pleine d'espoir
Neutralité	250	Confiance	Satisfaitante
Courage	200	Affirmation	Possible
Fierté	175	Mépris	Exigeante
Colère	150	Haine	Antagoniste
Désir	100	Envie	Décevante
Peur	75	Angoisse	Effrayante
Peine	50	Regret	Tragique
Apathie	30	Désespoir	Sans espoir
Culpabilité	30	Reproche	Malveillante
Honte	20	Humiliation	Misérable

L'ÉCHELLE DE CONSCIENCE DE HAWKINS[49]

Personnellement, j'ai vécu dans un état de mal-être général pendant des années, voire pendant une bonne partie de ma vie. J'ai donc expérimenté tous les niveaux de conscience inférieurs. La honte et la culpabilité étaient mon quotidien pendant

---

49 Hawkins, David. *Pouvoir contre force, Ibid.*

longtemps. Ce n'est qu'en 2010 que j'ai commencé à prendre conscience de ma réalité et ce n'est que depuis les quatre dernières années que j'ai pu sortir complètement de ce mal-être pour enfin basculer dans le fameux 15 % ! C'est à grands coups d'aide, de coachs et de transformations que j'y suis arrivée. Si vous le voulez vraiment, vous pouvez y arriver aussi. Votre vie sera souvent remplie de chaos et de passages obligés mais c'est le prix à payer pour y parvenir. Rappelez-vous que tout est possible !

Enfin, plus nous serons de personnes dans les états de conscience supérieurs, plus nous serons en mesure de faire ultimement basculer le niveau de conscience planétaire. En effet, chaque personne étant dans un niveau de conscience supérieur équilibre un certain nombre de personnes d'un niveau inférieur. Ainsi, une personne au niveau 300 équilibre 90 000 personnes alors qu'une personne au niveau 500 équilibre 750 000 personnes. De plus, selon Hawkins, il n'y aurait que deux sages sur la planète à être au niveau de 700. Chacun d'eux équilibrant 70 millions de personnes, ce qui est impressionnant.

Le mindset

L'état de contraction ou d'expansion auquel vous vibrez vous amène automatiquement dans un certain mindset. Le mindset, c'est quoi exactement ? C'est tout simplement l'état d'esprit dans lequel vous êtes jour après jour. Bien qu'il soit influencé principalement par vos croyances, il sera également influencé par les propos de votre famille, de vos amis, de vos collègues et collaborateurs, etc. En effet, les reproches, les critiques, les jugements tout comme le soutien, les compliments et les encouragements ont un impact direct sur votre mindset.

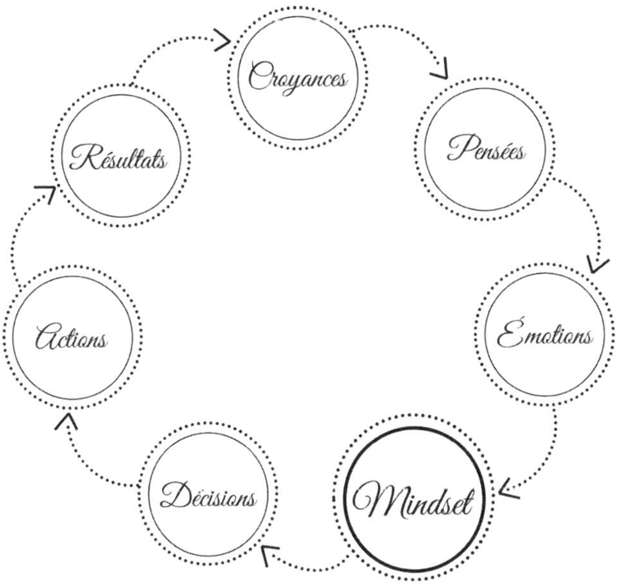

LA RÉACTION EN CHAÎNE : LE MINDSET

De plus, le mindset peut se résumer tout simplement à deux états d'esprit, soit un mindset de manque ou un mindset d'abondance, ou selon Carol S. Dweck[50], professeur de psychologie à l'Université de Stanford, un mindset fixe ou un mindset de développement. Voyons ces réalités de plus près.

D'une part, ceux qui ont un mindset fixe croit que rien ne peut changer puisque tout est déterminé à la naissance, tant les qualités, les aptitudes que la personnalité. De plus, leur objectif étant de prouver leur intelligence, ils s'assurent de se mettre dans des conditions pour le démontrer. Ils n'acceptent que des tâches faciles. Ils ne sont pas enclins à prendre des risques. Ils blâment les autres pour leurs échecs au lieu de prendre leurs

50 Dweck, Carol S. *Osez réussir! Changez d'état d'esprit!* Editions Mardaga, 2017, 384 pages.

responsabilités et d'en tirer les leçons. Ils n'acceptent pas la critique, la prenant comme une attaque personnelle.

Au contraire, si vous avez un mindset de développement, c'est que vous croyez profondément que vous pouvez constamment vous améliorer. Votre objectif est donc d'apprendre pour progresser. Vous acceptez facilement les défis comme vous êtes motivés à les relever. Les erreurs et les échecs sont pour vous des opportunités d'apprentissages où vous pouvez tirer des leçons. Étant donné vous ne cherchez pas à être reconnu comme la personne la plus intelligente, vous n'avez pas peur de la critique, ni des obstacles ou des difficultés. Au contraire, vous les cherchez, car c'est ainsi que vous vous assurez de progresser le plus rapidement.

D'autre part, ceux qui ont un mindset de manque croient que, dans le monde, il y a une quantité limitée d'Argent, de joie, de succès, d'amour, etc. Ainsi, si quelqu'un a mangé la moitié du gâteau, il n'en reste plus qu'une moitié à partager avec les autres. Ces gens vont donc facilement en vouloir aux riches comme à ceux qui ont du succès. Ils ont de la difficulté à se réjouir du succès des gens tout comme à collaborer avec les autres puisque, dès que quelqu'un fait un gain, il en résulte automatiquement une perte pour eux. De plus, ils n'obtiennent pas de résultats satisfaisants. Ils expérimentent plutôt des résistances, des patterns et des conflits. Ils stagnent et tournent en rond. Ils manquent de clarté. Ils sont esclaves de leurs peurs. Ils jouent petit et sabotent leurs résultats.

À l'inverse, si vous avez un mindset d'abondance, c'est que tout est illimité. Vous pouvez donc non seulement avoir, mais vous pouvez créer tout ce que vous voulez : de la valeur, de l'Argent, du succès. Les possibilités sont infinies, non pas juste pour vous mais pour tout le monde. Vous avez le souci que tout doit être gagnant-gagnant pour tous. Vous êtes généreux, tant de votre temps, de vos connaissances que de vos expertises.

Enfin, vos questionnements quotidiens sont plutôt de l'ordre du « comment puis-je faire pour avoir les deux ? » ou encore « comment puis-je créer encore plus de valeur et contribuer davantage ? »

Vous avez certainement observé en vous certaines caractéristiques de chacun de ces mindsets. Où vous situez-vous davantage ? 1) Vers le mindset fixe et de manque, ou 2) vers le mindset de développement et d'abondance ? Ne vous en faites surtout pas si vous vous retrouvez plus dans le fixe et le manque, c'est tout à fait normal. Ceux-ci vous permettront de vous guider à changer constamment votre mindset.

Comme le dit si bien Zig Ziglar[51], un auteur américain et conférencier hors pair sur la motivation : *« Ce n'est pas votre aptitude mais votre attitude qui déterminera votre altitude. »* En effet, vos aptitudes font référence à vos compétences alors que votre attitude fait référence à votre mindset. Avoir l'attitude veut tout simplement dire de vous comporter comme qui vous voulez Être, de développer une nouvelle attitude, un nouvel état d'esprit jusqu'à ce que vous soyez devenu cette nouvelle version de vous-même. Vous avez donc une responsabilité de maintenir un mindset de développement et d'abondance au top et à tous les jours.

Changer de mindset est donc un travail de tous les jours, de tous les instants qui vous demande une certaine vigilance. En effet, vous avez à vous regarder aller tout comme à observer votre état d'esprit, votre attitude, vos réactions et vos comportements dans certaines situations. Vous aurez donc besoin d'une bonne dose de courage et d'humilité puisque vous verrez des attitudes et des comportements que vous n'aimerez pas. Pour pouvoir les changer, vous devez avant tout avoir la capacité de les accepter pour le moment. J'insiste sur le « pour le moment »,

---

51 https://en.wikipedia.org/wiki/Zig_Ziglar

car ils ne sont que temporaires. Puis, vous aurez à pratiquer, c'est ainsi qu'avec le temps et la pratique vous développerez l'attitude, l'état d'esprit et le mindset d'abondance.

Plus encore, le cerveau a cette capacité d'évoluer et de s'adapter à tous âges en créant de nouvelles connexions neuronales. C'est le concept de plasticité cérébrale ou de neuroplasticité[52,53]. Ainsi, plus vous pratiquez une attitude, un comportement ou une tâche, plus les connexions se multiplient et deviennent fortes jusqu'au jour où la tâche devient plus facile, alors que l'attitude et le comportement sont plus constants. Éventuellement, ceux-ci deviennent des automatismes comme une nouvelle version de vous-même avec un nouveau mindset ! C'est ainsi que vous passerez d'un niveau d'expansion à un autre comme d'un chiffre d'affaires à un autre.

Enfin, malgré tout ce qui peut être véhiculé dans la société, votre revenu ou votre chiffre d'affaires n'a rien à voir avec vos compétences, vos diplômes et vos expertises. Si vous êtes en affaires, votre chiffre d'affaires sera en lien avec l'entrepreneur en vous plutôt qu'en lien avec l'expert. Si vous êtes salarié, bien sûr, en prenant des formations, vous développerez de nouvelles compétences et expertises. Vous augmenterez ainsi votre valeur, ce qui vous ouvrira par la suite des portes et qui vous permettra d'accéder à des postes de plus hauts niveaux.

Cependant, c'est votre mindset qui fera une réelle différence sur ce que vous obtiendrez exactement comme salaire par la suite. C'est seulement dans l'action que vous pourrez changer votre mindset. La clé pour vivre une transformation rapide et efficace de ce dernier est de vous faire accompagner. Je vous invite donc à mettre les livres et les formations de côté et à vous trouver un ou une coach ! C'est le temps de passer à l'action !

---

52 Dweck, Carol S. *Osez réussir ! Changez d'état d'esprit ! Ibid.*

53 https://fr.wikipedia.org/wiki/Plasticit%C3%A9_neuronale

Les décisions et les actions

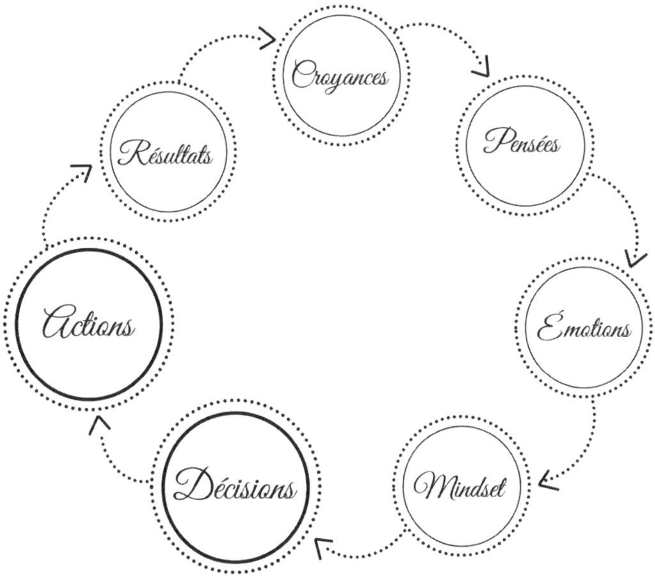

LA RÉACTION EN CHAÎNE : LES DÉCISIONS ET LES ACTIONS

Imaginez que vous êtes au bout du chemin et que vous avez le choix, soit vous tournez à gauche, soit à droite. À partir de ce moment-là, vous prendrez l'une des deux directions qui sont complètements opposées et vous ne pourrez plus faire demi-tour. Les décisions que vous prendrez sont donc cruciales et détermineront vos résultats puisque non seulement elles refléteront vos intentions, vos visions, vos priorités et vos motivations, mais elles orienteront vos actions, vos habitudes, vos comportements de même que vos faits et gestes. Conséquemment, soit vous vous éloignerez de vos objectifs, soit vous vous en rapprocherez, selon ce que vous aurez décidé : jouer petit ou jouer le tout pour le tout !

Si vous êtes dans un mindset de manque, vous prendrez vos décisions en fonction de la peur du manque, du futur, de ce que les autres vont dire, comme la peur de briller, d'être abandonné, humilié, rejeté, etc. C'est ce qu'on appelle jouer petit. Par exemple vous n'osez pas prendre la parole devant tout le monde lors d'une réunion pour partager votre vision, donner votre avis, faire part de votre idée, ayant peur de ce que les autres vont penser. Vous n'osez pas appliquer sur un poste parce que vous ne possédez pas tous les critères d'embauche demandés. Si vous êtes en affaires, vous ne voulez pas faire de vidéos, des *Facebook live* ou des *stories*, car la caméra vous met mal à l'aise, vous avez peur de ne pas savoir quoi dire ou que personne ne vous regarde. En jouant ainsi, vous ne pouvez pas imaginer obtenir plus que ce que vous êtes prêt à jouer.

Au contraire, si vous êtes dans un mindset d'abondance, vous prendrez toutes autres décisions puisque vous avez une lecture complètement différente du moment. Imaginez que vous prenez vos décisions avec le mindset d'où vous voulez être dans trois ans, comme si vous gagniez déjà 300 000 $ ou 500 000 $, comme si vous aviez déjà le poste que vous convoitez ou encore comme si vous étiez déjà millionnaire.

Afin d'incarner ce millionnaire, vous avez donc à vous demander ce qu'il penserait, ferait, dirait s'il était à votre place actuelle ? Et vous prenez action en faisant ce que vous croyez qu'il ferait. Faites le tour des sphères de votre vie et apportez les changements nécessaires. Regardez votre mode de vie, vos habitudes de vie. Faites-vous de l'exercice à tous les jours ? Dormez-vous bien ? Mangez-vous bien ? Prenez-vous soin de votre corps ? Est-ce que vous vous dorlotez ? Vous donnez-vous du temps pour Être ? À partir d'une vision et d'un mindset complètement différents, vous prendrez des décisions complètement différentes aussi.

De plus, soyez à l'écoute de vos dialogues intérieurs. Êtes-vous dans le jugement de vous-même ? Toujours prêt à vous taper sur la tête, croyant que c'est encore de votre faute ? Vivez-vous constamment dans les peurs ? Ou au contraire vous soutenez-vous ? Vous encouragez-vous ? Vous complimentez-vous ? Êtes-vous bienveillant envers vous-même ? Êtes-vous confiant que tout va bien aller ? Croyez-vous en une force plus grande que vous qui vous appuie ? Avez-vous confiance en la vie ? Êtes-vous constamment en cocréation avec l'Univers ? Ou anticipez-vous toujours la prochaine tuile qui vous tombera sur la tête comme si vous aviez reçu un mauvais sort ?

Validez votre niveau de conscience, que ce soit à partir des cinq niveaux de conscience vus brièvement au chapitre 1 ou encore selon l'échelle de conscience de Hawkins vue au chapitre 5. Où vous situez-vous en ce moment ? Où voulez-vous Être ?

Observez les mots que vous utilisez. Parlez-vous de sous ou d'Argent ? Parlez-vous d'épreuves ou de problèmes à surmonter ou encore de défis à relever ? Allez-vous essayer ou allez-vous le faire ? Attendez-vous ou êtes-vous dans l'action ?

Manquez-vous de clarté ou, au contraire, avez-vous une vision claire de qui vous voulez Être ? de ce que vous voulez accomplir ? Savez-vous bien vous entourer, question de tout mettre en place pour pouvoir y arriver facilement et efficacement ? Ou voulez-vous à tout prix y arriver seul ? Vous savez, aucun athlète ne s'est rendu aux Olympiques seulement par lui-même. Avez-vous tout mis en place pour gagner, vous aussi, votre médaille d'or ?

Savez-vous *être focus* au quotidien ? Êtes-vous déterminé à tout mettre en place pour atteindre vos objectifs ? Savez-vous gérer les priorités du moment ? À l'inverse, vous laissez-vous déranger par tout ce qui vous entoure ? Vous éparpillez-vous dans mille et une idées et projets ? Êtes-vous trop confortable dans votre zonc de confort pour en sortir ?

Enfin, comment investissez-vous votre Argent ? Qui vous aide à planifier votre avenir financier ? Vous payez-vous en premier ou en dernier ? Laissez-vous passer des opportunités ou saisissez-vous tout ce qui passe ? Dépensez-vous dès que vous en avez envie ou de façon judicieuse ? Quelle est votre vision par rapport à l'Argent, à court et à long termes ?

Voyez-vous à quel point votre mindset détermine vos décisions et vos actions ? Celles-ci feront en sorte que vous obtiendrez les résultats que vous souhaitez ou que vous n'obtiendrez pas du tout ce à quoi vous vous attendez ou, pire encore, vous saboterez vos résultats.

L'autosabotage

L'autosabotage, c'est l'ensemble des comportements, des habitudes, des croyances et des attitudes qui, plus souvent qu'autrement, sont inconscients et nourris par la peur. C'est en quelque sorte une manière de s'interdire de réussir comme de recevoir de l'amour, de la joie, du plaisir, du succès et, bien sûr, de l'Argent. C'est un mécanisme de défense qui part d'abord d'une bonne intention, celle de vous prévenir d'un danger et de vous protéger. Effectivement, cela pourrait être dangereux de recevoir plus que ce que vous êtes en mesure de recevoir, ce que vous avez l'habitude de recevoir et surtout plus que ce vous vous autorisez de recevoir.

Bien qu'à court terme l'autosabotage semble une forme de protection en vous empêchant de passer à l'action, à long terme il vous empêche de développer votre plein potentiel, d'atteindre vos objectifs et de réaliser votre mission. Imaginez que l'ennemi soit à l'intérieur de vous au lieu qu'il soit en face de vous et qu'il vous empêche de réussir par tous les moyens possibles. Dans un autre ordre d'idées, au lieu que les obstacles soient dans le chemin, vous vous retrouvez à être vous-même l'obstacle dans le chemin.

Vous restez donc dans votre zone de confort ou, si vous tentez d'en sortir, vous jouez petit, vous vous mettez des bâtons dans les roues, vous vous créez des limites et des complications tout au long du chemin. Vous mettez tout en œuvre pour ne pas réussir, et ce, bien malgré vous. Bref, vous faites tout le contraire de ce que vous avez à faire pour augmenter votre revenu ou votre chiffre d'affaires. Au final, vous n'accumulez que des échecs.

Les causes de l'autosabotage

L'autosabotage trouve souvent sa source durant l'enfance. Il peut avoir plusieurs causes, notamment les croyances, le sentiment d'être un imposteur et les peurs qui font que vous pensez ne pas mériter le succès, l'amour, l'Argent, etc. Par exemple, la peur de l'échec, du changement, de sortir de sa zone de confort, de ne pas être à la hauteur, de ne pas être assez, de se tromper, de ne pas être parfait, etc. Parmi les autres causes figurent le manque d'estime et de confiance en soi, le manque de discipline et de constance de même que l'anxiété de performance. Cette anxiété peut être encore plus grande lorsque les objectifs sont imposés par d'autres personnes, comme à l'école ou par l'employeur, par exemple.

Comment reconnaître l'autosabotage

L'autosabotage peut prendre différentes formes dont en voici quelques-unes. Par exemple, vous vous retrouvez toujours dans le même genre de situations, vous attirez toujours à vous le même type de personnes, vous manquez d'Argent à la fin de chaque mois, dès que vous en avez vous le dépensez ou, au contraire, vous ressentez toujours de la culpabilité de dépenser ou vous payez toujours pour les autres. Les exemples sont infinis. Il y a donc des événements ou des situations, donc des patterns qui se répètent, et ce, que vous le vouliez ou non.

Vous pouvez également être souvent victime d'imprévus, ce qui vous oblige à reporter à plus tard, que ce soit un achat, une conversation, un contrat, un rendez-vous, etc. Par exemple, l'auto tombe en panne, l'ordinateur brise, il manque d'électricité, une tempête se lève et vous oblige à rester à la maison.

Vous expérimentez des *bugs* informatiques dès que vous vous inscrivez à un programme en ligne qui a le potentiel de vous amener vers votre plein potentiel. Par exemple, vous avez de la difficulté à faire le paiement du programme, vous n'arrivez pas à entrer dans le programme ou encore vos accès ne fonctionnent pas.

Vous êtes de type maladroit, gaffeur ou malchanceux. Il vous arrive donc toujours quelque chose hors de l'ordinaire, et qui n'arrive qu'à vous. Par exemple, vous vous cassez une jambe au moment où vos vacances commencent, un pneu de votre voiture se retrouve crevé alors que vous alliez passer l'entrevue de votre vie, vous perdez votre permis de conduire parce que vous n'avez pas payé vos contraventions à temps.

Quant à vos biens, ceux-ci brisent dès que vous gagnez de l'Argent. Par exemple, vous venez de signer un contrat de 2 000 $ et votre ordinateur ou votre auto a besoin de réparation pour la même somme.

Au niveau des comportements et attitudes, vous pourriez recevoir une super bonne nouvelle, mais ça paraît trop beau pour être vrai. Vous n'êtes pas en mesure de l'accueillir, vous croyez ne pas pouvoir tout avoir. Ou encore, dès la première occasion, vous vous chicanez avec votre partenaire ou vos enfants, par exemple. Vous pourriez passer votre temps à critiquer et à juger. Vous n'êtes pas en mesure de recevoir quoi que ce soit sans vous plaindre ou passer un commentaire désobligeant. Ce n'est jamais assez bon, assez beau ni assez parfait pour vous.

Vous tournez en rond, vous êtes perdu, vous procrastinez, remettant à demain ce que vous pourriez accomplir aujourd'hui.

Vous reportez vous-même les résultats que vous pourriez obtenir. Par exemple, vous pourriez reporter votre prochaine séance de coaching pour aider un ami, ou encore retarder votre inscription à un deuxième programme de coaching pour vous laisser plus de temps d'assimiler le contenu, réécouter toutes les vidéos, voir comment ça va évoluer dans le temps. Vous arrêtez donc volontairement votre transformation et tous les résultats qui étaient en route.

Vous évitez de prendre des décisions. Vous vous trouvez toutes sortes d'excuses, par exemple vous n'avez pas assez d'Argent, pas eu le temps, pas envie, vous vous trouvez trop vieux, trop fatigué, pas assez bon ou pas assez beau, etc. Vous recherchez toujours la perfection. Vous ne terminez pas les choses que vous entreprenez. Vous vous étourdissez possiblement dans différents projets, différentes formations et tâches, vous pensant productif alors que vous savez très bien que rien n'avance.

Enfin, au niveau médical, vous avez toujours un nouveau problème de santé qui apparait. Le matin de votre entrevue ou d'une conférence importante que vous devez donner, vous faites de la fièvre, un feu sauvage surgit ou votre enfant est malade.

Bref, peu importe la forme que peut prendre l'autosabotage, vous vous retrouvez dans une posture de victime et certaines personnes peuvent même se retrouver étonnés d'y prendre plaisir. En effet, vous retirez les nombreux bénéfices secondaires liés à l'autosabotage. Ainsi, vous recevrez une certaine forme d'attention, d'amour et même de sympathie des gens qui vous entourent, de par toutes les situations dans lesquelles vous vous retrouvez.

Comment sortir de l'autosabotage

Pour sortir de l'autosabotage, vous devez d'abord reconnaître le saboteur en vous et identifier la cause de vos actions ou de vos gestes. Vous devez également décider de prendre la responsabilité de vos malheurs comme de votre bonheur, ce qui signifie d'affronter le problème au lieu de tenter de l'éviter ou de le remettre à plus tard. Vous devez ensuite changer vos croyances et votre mindset tout comme répondre à vos besoins et transformer votre relation avec l'Argent.

Puis, vous devez passer à l'action même si vous avez peur, même si ce n'est pas parfait. Enfin, vous avez à vous prémunir contre vous-même. Pour y arriver, mettez en place des conditions gagnantes, comme celle de vous assurer d'être aligné avec vos AF, des conditions qui vous empêcheront de basculer de nouveau dans l'autosabotage, soit en vous faisant coacher, en utilisant des outils comme l'EFT, en faisant partie d'un groupe de soutien ou encore en ayant un ami à qui vous vous obligez de rendre des comptes.

L'autosabotage et les signes de l'Univers

Attention, pour beaucoup d'adeptes de l'autosabotage, l'Univers peut avoir le dos bien large. Ainsi, si vous faites partie de ceux qui demandent des signes à l'Univers, il y a différentes façons de les interpréter. J'ai remarqué que, souvent, les gens demandent des signes, mais ils ne les suivent pas par la suite. Au contraire, ils les interprètent selon ce qui est le moins douloureux ou apeurant, et sabotent, par le fait même, le signe qu'ils avaient reçu. Donc, si ce signe fait leur affaire, ils le suivent, sinon ils trouvent une excuse pour conclure que ce n'était pas un vrai signe.

Rappelez-vous, ce n'est pas parce que vous demandez un signe que vous aurez exactement celui que vous désirez. Vous devez vous assurer de rester neutre dans le processus. Quand vous en recevez un, vous devez non seulement l'écouter, mais le suivre jusqu'au bout. Souvent, quand ça bloque par la suite, bien des gens pensent que c'est vraiment un signe, mais qu'il leur dit qu'ils ne doivent pas aller par là. Généralement, quand ça se produit, c'est que de l'Argent est en jeu. Le seul signe que vous recevez à ce moment-là, c'est que vous bloquez vous-même le processus, que ce soit à cause de vos croyances, de votre mindset, des peurs qui montent ou encore des blessures du passé qui s'activent. Vous savez, les doutes amènent les doutes, les peurs amplifient les peurs, et ça bloquera encore plus le processus.

Par exemple, au fil des années j'ai remarqué, à travers mon entreprise, que les entrepreneurs qui ont expérimenté des problèmes d'inscription ou d'accès au programme sont des femmes qui doutent d'elles-mêmes et qui ont peur que ce dernier ne fonctionne pas. Elles bloquent elles-mêmes le processus de transformation dès le départ et concluent que c'était le signe pour dire que ça ne fonctionnerait pas.

Alors que, dans toute leur histoire, il n'y a eu qu'un seul signe. Pas 10 ! Le signe était clair, vous avez fait une demande, vous avez reçu la réponse… La suite n'a rien à voir avec les signes, mais bien avec votre état intérieur. Vous devez donc apprendre à reconnaître un vrai signe de l'Univers par rapport à vos blocages, lesquels vous percevez comme des signes. Au contraire, l'Univers est plutôt en train de vous tester et de tester si vous êtes réellement prêt à tout mettre en œuvre pour recevoir ce que vous avez demandé. Il veut savoir si vous êtes prêt à vous engager à 100 % dans votre propre transformation ou si vous préférez la pilule magique pour y arriver.

Tout le monde est testé. Je me rappelle un certain investissement de plusieurs milliers de dollars que j'ai fait dans un programme de coaching. Contre toute attente, la transaction a été refusée, faute de fonds disponibles sur ma carte de crédit. À cet instant, j'ai effectivement pensé rebrousser chemin. C'était la porte de sortie facile et je me rappelle m'être posé la question : Est-ce réellement un signe que je fais fausse route ?

Puis de me demander plutôt si j'étais réellement prête à investir autant financièrement pour accéder au prochain niveau d'expansion ou pas? Pour augmenter mon chiffre d'affaires de 100 000 $ minimum? Et la réponse a été un grand oui venant de mon cœur! Alors, j'ai passé le test, j'ai foncé et j'ai atteint encore plus que le 100 000 $ en question! Finalement, dans toute cette histoire, il n'y a pas eu plusieurs signes, il n'y en a eu qu'un seul! Et comme par hasard, c'est au moment d'investir de l'Argent que ça avait bloqué…

La morale de l'histoire, les signes de l'Univers sont toujours neutres et clairs. Ils ne font jamais appel à votre mental et ne soulèvent jamais de questionnement. Plus vous devez investir de l'Argent, plus ça risque de bloquer si votre mindset et votre relation avec l'Argent font défaut. Si vous avez demandé la meilleure personne pour vous aider, que l'Univers vous l'envoie et que vous devez investir financièrement, ne doutez pas. Il vous soutiendra aussi financièrement pour que vous puissiez vivre la transformation proposée et atteindre les résultats que vous souhaitez.

L'Univers ne vous enverra pas seulement la meilleure personne, mais tout ce dont vous avez également besoin, en temps et lieu. Par exemple, une cliente voulait acheter une maison pour y offrir des cours en groupe. En travaillant sur son alignement avec ses AF, son mindset et sa relation avec l'Argent, elle a attiré la maison comme par magie, au prix et dans les conditions qu'elle était en mesure de payer. Tout a été fluide, il n'y a eu aucun blocage dans le processus.

Enfin, plus vous avez le potentiel de briller, plus vous risquez de saboter votre lumière. Pourquoi? Tout simplement parce que c'est trop apeurant et probablement que vous vous posez cette question: Pourquoi moi? C'est une question que je me suis posée pendant bien des années pour finalement trouver la réponse bien d'autres années plus tard: Pourquoi pas?

Tant que vous n'assumez pas tout ce potentiel et cette lumière en vous, vous risquez de vous saboter et de vous éteindre tranquillement de toutes les façons possibles. Votre relation avec l'Argent n'y échappera pas non plus.

De plus, quel est le prix que vous pouvez payer actuellement si vous vous sabotez ? Pensez à toutes les opportunités manquées et aux objectifs non réalisés, à votre avis, ça vaut combien ? Par exemple, manquer une promotion qui vous donnerait 10 000 $ de plus par année, ça veut dire que vous avez 100 0000 $ de moins dans votre compte bancaire 10 ans plus tard, sans compter la somme totale incluant les intérêts si vous l'aviez investie.

D'un autre côté, si vous recevez actuellement 10 clients par semaine à 80 $ l'heure, vous pourriez doubler le nombre de clients par semaine et monter à 100 $ l'heure, pour passer de 800 $ à 2000 $ par semaine, donc de 32 000 $ à 80 000 $ par année. Vous passez donc à côté de 48 000 $ minimum par année. S'autosaboter peut alors vous coûter très cher, autant en temps, en énergie qu'en Argent. De plus, comme toutes les sphères de vie sont comme des vases communicants, vous vivrez des impacts négatifs partout. Bien sûr, vous serez très loin d'atteindre les résultats que vous désirez. C'est votre revenu ou votre chiffre d'affaires qui en souffrira le plus.

Les résultats

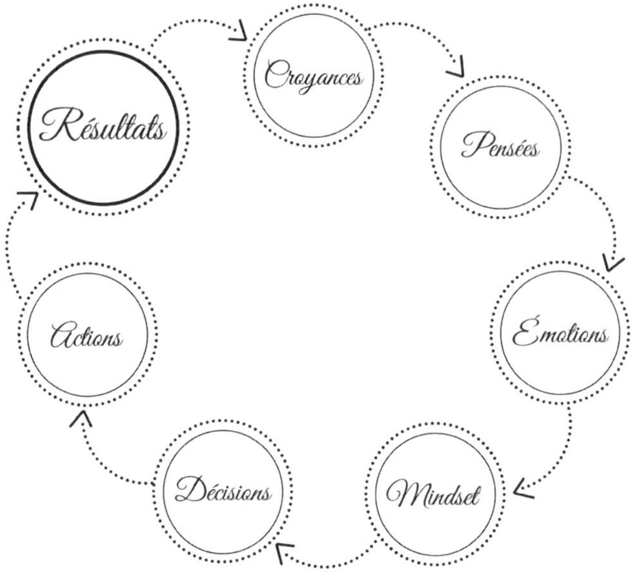

LA RÉACTION EN CHAÎNE : LES RÉSULTATS

Peu importe le revenu ou le chiffre d'affaires que vous voulez gagner, vous devez d'abord l'assumer. Si vous êtes capable de chiffrer ce montant et de le dire haut et fort, c'est que vous l'assumez pleinement. Si non, il y a de fortes probabilités que soit vous ne soyez pas incarné totalement dans la matière, vous vous tenez dans les hautes sphères, vous n'aimez pas l'Argent, vous êtes dans vos peurs, dans vos blessures du passé, soit vous entretenez des croyances qui vous limitent ou encore vous n'êtes pas aligné avec vos AF. Chose certaine, votre mindset fait défaut et vous vibrez le manque.

Peu importe la cause qui fait que vous ne manifestez pas les résultats que vous voulez dans la matière, c'est signe que votre transformation n'est pas encore complétée. Chaque nouveau revenu ou chiffre d'affaires demande une transformation pour être ensuite en mesure de l'assumer une fois de plus. Si non, vous risquez d'atteindre ce qu'on appelle un plafond de verre.

Le plafond de verre

Imaginez un thermostat interne qui détermine combien d'amour, d'Argent, de succès et d'énergie vous avez le droit de recevoir ou pas, de profiter ou pas. La limite supérieure de ce thermostat correspond au maximum d'Argent que vous avez le droit de gagner. C'est comme une limite énergétique en haut de laquelle il est dangereux de se retrouver. Votre thermostat financier[54] est donc programmé pour un certain revenu et niveau de richesse.

En conséquence, si vous dépassez cette limite, vous entrez dans une zone interdite et dangereuse pour vous. Inconsciemment, ce sera la panique à bord et vous basculerez dans le niveau de conscience de la survie. Vous ferez ainsi tout ce qui est en votre pouvoir pour revenir dans la zone sécure et confortable, dans votre «ancien moi». C'est ainsi que vous entrez dans l'autosabotage.

Ainsi, à toutes les fois que la limite supérieure d'Argent est atteinte, l'autosabotage commence. Par exemple, vous tombez malade la veille de l'événement, vous vous blessez pour ne pas aller à votre rendez-vous, vous occasionnez un accident, vous avez une crevaison d'un pneu de votre voiture, votre ordinateur ou votre auto brise pour une valeur monétaire équivalente à la rentrée d'Argent que vous venez de recevoir, ou encore vous vous sentez coupable de ce que vous venez de gagner, vous faites un rabais à un client, bref, toutes les raisons sont bonnes pour vous autosaboter.

---

54 Eker, T.Harv. *Secrets of the Millionnaire Mind, Ibid.*

De plus, l'autosabotage peut se faire à différents niveaux, comme celui de la santé, des relations, de la valeur personnelle, du succès, etc., et ce, même si c'est au niveau financier que ça bloque au départ. Par exemple, vous avez beaucoup de succès au niveau professionnel, mais comme c'est trop beau pour être vrai, vous créez vous-même du drame dans votre vie personnelle, comme une chicane de couple, pour vous empêcher de profiter de ce succès.

Autre exemple : tout va bien, vous vous sentez bien, voire trop bien ou vous venez de décrocher un nouveau contrat, vous avez reçu un gros bonus et une bonne rentrée d'Argent. Vous pourriez alors vous sentir coupable et atteindre ainsi votre limite supérieure en déclenchant une vieille croyance comme : « pendant que je fais de l'Argent, d'autres crèvent de faim » ou encore « je ne mérite pas de me sentir bien pendant que d'autres ne vont pas bien autour de moi ». Ainsi, la culpabilité vous empêchera de profiter de la nouvelle abondance financière qui arrive.

Rappelez-vous, ce que vous gagnez actuellement est une représentation de vos croyances, de vos mémoires et de vos expériences en lien avec l'Argent. Ainsi, vous ne pouvez jamais gagner plus que cette représentation. Si vous essayez d'aller au-dessus, vous atteindrez une certaine limite supérieure au-delà de laquelle il vous sera impossible d'aller, c'est le plafond de verre.

COMMENT RECONNAÎTRE LE PLAFOND DE VERRE

Comme son nom l'indique, c'est un plafond en verre, il est donc invisible. C'est pourquoi il est difficile de l'identifier. Toutefois, voici quelques signes qui vous indiqueront que vous avez atteint votre plafond de verre.

Vous croyez que c'est toujours la faute des autres. Vous critiquez, blâmez les autres ou vous-même. Vous jouez à la victime ou au bourreau. Vous cachez vos sentiments. Vous vous inquiétez pour des choses sur lesquelles vous n'avez aucun contrôle. Vous vous faites des scénarios ou encore vous essayez de justifier vos inquiétudes. Vous refusez les compliments, vous abaissez votre valeur. Vous faites diversion dans les conversations à propos de l'Argent. Vous ne maintenez pas vos engagements. Vous ne parlez pas des vraies affaires avec les personnes concernées. Vous tombez malade ou encore vous avez un accident. Vous vous sabotez.

LES CAUSES DU PLAFOND DE VERRE

Selon Gay Hendricks[55], il y a quatre causes au plafond de verre. La première, la plus répandue, est la croyance suivante: «Il y a quelque chose qui ne fonctionne pas avec moi.» C'est ce qui explique pourquoi vous vous demandez continuellement: «Qu'est-ce que j'ai de *pas correct*? Qu'est-ce qui cloche chez moi? Qu'est-ce qui ne tourne pas rond?» Ainsi, vous croyez profondément que vous ne pouvez pas être dans votre plein potentiel, ou encore vous ne pouvez pas être heureux ou riche puisque quelque chose ne tourne pas rond chez vous.

Vous pouvez aussi avoir peur d'échouer si vous vous engagez totalement dans le développement de votre plein potentiel et dans votre zone de génie. Vous vous dites donc qu'il est mieux d'opter pour la sécurité, en jouant petit et si jamais vous échouez, ce ne sera qu'un petit échec.

Enfin, vous pouvez également avoir le fameux syndrome de l'imposteur et croire que vous n'êtes pas légitime de faire

---

55 Hendricks, Gay. *The Big Leap: Conquer your Hidden Fear and Take Life to the Next Level,* Harper One, 2009, 216 pages.

ce que vous faites, ni d'être qui vous êtes, que vous n'avez pas assez de compétences ni d'expériences, ou encore que vous n'êtes pas assez quelqu'un pour gagner ce revenu ou ce chiffre d'affaires. Qui suis-je pour faire ça ? Qui suis-je pour être qui je suis ? Ces deux questions tournent continuellement en boucle dans votre tête. Encore une fois, tout est une question de perception de valeur. Avoir le syndrome de l'imposteur revient donc à remettre en jeu votre propre valeur une fois de plus, et surtout une fois de trop.

Peu importe, croire que vous avez quelque chose qui cloche est une croyance en lien avec qui vous êtes. Ainsi, vous doutez de vous et vous remettez votre valeur en question. Vous croyez profondément que vous n'êtes pas assez pour réussir. Vous avez définitivement à reconnaître et à augmenter votre valeur pour sortir de cette croyance.

La deuxième cause au plafond de verre est le conflit de loyauté familiale lié à la peur d'un abandon ou d'un rejet possible. Par exemple, si vous gagnez plus d'Argent que votre partenaire, vos parents, vos amis, votre coach, ou encore si vous gagnez plus que ce qui est bien perçu dans la société, pour rien au monde, vous ne voudriez être déloyal à votre famille, délaisser des gens ou ne pas répondre aux attentes de vos parents et prendre le risque d'être abandonné ou rejeté. Rien de mieux que d'avoir de bonnes discussions avec eux à ce sujet pour en finir avec cette peur !

Arrive en troisième place la croyance que plus vous avez du succès, plus vous avez de problèmes et de responsabilités. Vous considérant déjà au maximum de vos capacités, vous vous demandez continuellement comment vous pourriez faire plus si vous aviez plus de succès. Vous avez peur d'être surchargé à l'idée d'en avoir plus. Vous risquez de plafonner assez rapidement, avançant avec un pied sur la pédale à gaz et l'autre sur la pédale de frein. Vous pensez que plus vous avez du succès, plus vous faites de l'Argent et plus vous vous exposez à une nouvelle réalité, qui sera composée de nouveaux problèmes !

En fait, peu importe combien d'Argent vous gagnez, vous aurez toujours des défis ou des problèmes, selon votre croyance avec l'Argent. Vous avez donc le choix. Vous ne pouvez pas avoir seulement le revenu ou le chiffre d'affaires que vous voulez sans prendre tout ce qui vient avec. C'est comme une médaille, elle vient toujours avec son envers. Ou comme un enfant, il vient aussi avec son lot de responsabilités et de nuits blanches ! Avec l'Argent, c'est la même chose. Vous voulez gagner un million ? Soit vous le prenez dans son entièreté, soit vous le laissez à quelqu'un qui sera en mesure de gérer tout ce qui vient avec.

Finalement, le crime de briller plus que les autres arrive en quatrième place comme cause au plafond de verre. Elle se présente souvent chez les enfants qui ont des dons et qui sont talentueux. Sans avoir à rien faire, ces jeunes brillent déjà plus que les autres de façon naturelle. En fait, ils ne savent pas vraiment faire autrement. Toutefois, ils reçoivent le message de ne pas trop briller pour ne pas déranger et éviter, effectivement, que les autres ne se sentent menacés ou qu'ils se sentent mal à l'aise. Dans d'autres cas, briller leur est permis, mais il leur est aussi demandé de ne pas trop démontrer le plaisir qu'ils ont à en profiter. De plus, s'ils semblent souffrir, ils risquent d'attirer davantage de sympathie plutôt que de la jalousie de la part des autres.

Enfin, j'ajouterais deux autres causes au plafond de verre, soit les blessures du passé et les AF. En effet, dès qu'une blessure est activée, elle va réveiller un monde de peurs liées à celle-ci, par exemple la peur de ce que les autres vont dire, de passer pour profiteur, de ne pas être à la hauteur, de penser que le pire va arriver, de ne pas valoir, de ne pas être ni faire assez, etc. Sous ces peurs se cachent la peur de subir une injustice, la peur d'être humilié, rejeté, trahi, dévalorisé, abusé ou encore la peur d'être abandonné. Dans ce dernier cas, par exemple, vous mettez tout en place pour ne pas vous retrouver dans cette situation. Vous prenez même vos plus grandes décisions en ce sens sans réaliser toutefois à quel point vous êtes vous-même en train de vous abandonner en procédant ainsi. C'est le même manège pour les autres blessures du passé.

Pour ce qui est des AF, dès que ceux-ci ne sont pas alignés, il y a de fortes probabilités d'atteindre un plafond de verre. Par exemple, il arrive que le deuxième ou le troisième AF détrône le premier, créant ainsi un désalignement majeur, par exemple un Accumulateur qui prend la place d'un Alchimiste ou un Nourricier qui vole la place d'un Connecteur. Ça pourrait aussi être un AF qui est davantage dans son côté ombrageux, mettant ainsi des bâtons dans les roues des autres et les empêchant de prendre leur expansion, par exemple un excès de Dirigeant ou d'Accumulateur. Finalement, ça pourrait être le dernier des AF qui réveille une blessure du passé juste à l'idée de penser à s'activer, comme votre Célébrité qui vient réveiller l'humiliation que vous avez subie à l'école primaire.

COMMENT TRANSCENDER LE PLAFOND DE VERRE

Pour transcender le plafond de verre, vous devez reprogrammer votre thermostat financier. Pour y arriver, vous avez d'abord à identifier la cause parmi les six causes mentionnées ci-haut. Vous avez aussi à faire les prises de conscience nécessaires afin de comprendre le sens donné à la situation actuelle. Puis, vous devez transformer vos croyances, apaiser vos blessures du passé, vous aligner avec vos AF tout comme vous libérer du pire qui pourrait arriver.

Par exemple, si vous gagnez beaucoup d'Argent, vous pourriez tout perdre ; si vous gagnez à la loterie, vous aurez à dire non à des gens qui deviendront soudainement vos amis ; si vous augmentez votre chiffre d'affaires, vous allez devoir payer plus d'impôts ; si vous acheter une auto luxueuse, vous pouvez vous la faire voler ou les autres peuvent en être jaloux ; si vous achetez une nouvelle maison, vous aurez de gros paiements ; si vous gagnez plus que votre partenaire ou vos parents, ils pourraient vous abandonner ; etc. Posez-vous plutôt ces questions :

- Dans quelle mesure ce que vous croyez est vraiment vrai ?
- Quel est le mieux qui pourrait arriver ?
- Combien de revenu croyez-vous être capable de gagner ?
- Combien croyez-vous mériter de gagner ?
- À combien percevez-vous votre valeur ?

COMMENT PRÉVENIR L'APPARITION DU PLAFOND DE VERRE

La meilleure façon de prévenir l'apparition du plafond de verre est de procéder par petites étapes, en mangeant régulièrement de petites bouchées à la fois au lieu d'une grosse bouchée une fois de temps à autre. En faisant ainsi de petites améliorations en continu, donc en augmentant la limite de votre thermostat financier tranquillement, il sera effectivement beaucoup plus facile d'élever la limite supérieure du plafond sans déclencher la zone de danger. Il y a ainsi beaucoup moins de risque d'autosabotage comparativement à un gros gain. En effet, quand le décalage est trop gros, le plafond de verre apparaît rapidement, la zone de danger est déclenchée et l'autosabotage s'ensuit afin de ramener la situation à un niveau tolérable, gérable et sécuritaire.

Pour éviter que cela se produise, portez votre attention au quotidien sur l'abondance, la joie, le plaisir, la satisfaction et l'Argent que vous avez déjà. Désencombrez les lieux, faites des mises à niveau de tout ce qui est dans votre vie personnelle comme professionnelle. Par exemple, une mise à niveau de tous les systèmes que vous utilisez dans votre entreprise : ordinateur, systèmes de suivi de courriels, des horaires, des paies, des clients, etc., ou encore une mise à niveau de votre image de marque avec un nouveau site web, une nouvelle présentation, un nouveau slogan, etc. Enfin, augmentez vos tarifs régulièrement, de petites hausses à la fois seulement. Assurez-vous de vivre une vie *100 % Alignée 100 % Assumée.* Soyez vigilant par rapport à vos croyances et vos dialogues intérieurs. Soyez proactif plutôt que réactif. Ainsi, progressivement mais sûrement, la limite de votre plafond de verre tout comme vos revenus s'élèveront.

En conclusion, comme nous l'avons vu au chapitre 5, tout est d'abord une question de croyances. Ainsi, à partir de vos croyances, une réaction en chaîne se met en branle et se répète en continu. Vous entretenez d'abord certaines croyances qui vous amènent dans un flot de pensées continues, lesquelles vous amènent ensuite dans un état de contraction ou d'expansion, puis dans un mindset fixe, de manque ou de développement et d'abondance. À partir de ce mindset, prenez des décisions qui vous propulsent dans l'action pour vous permettre d'atteindre des résultats. Ces derniers seront tant le reflet de votre valeur, de vos croyances que de votre mindset et se manifesteront dans la matière par une certaine somme d'Argent. L'équation ne peut pas être plus simple que ça.

Vous n'aimez pas le montant d'Argent correspondant ? Vous devez travailler sur l'un ou l'autre des événements de la réaction en chaîne jusqu'à l'atteinte du résultat désiré. Votre mission consiste donc à élever continuellement votre valeur, à transformer constamment vos croyances, à augmenter vos pensées positives, à être dans un état vibratoire d'expansion tout comme de maintenir un mindset de développement et d'abondance au top et à toute épreuve, à tous les jours.

Vous pouvez donc travailler sur tous ces tableaux en même temps et ainsi tout mettre en œuvre pour prendre de nouvelles décisions de plus en plus puissantes et alignées en tout temps. De cette façon, vous êtes continuellement en train de créer une nouvelle réaction en chaîne au lieu de répéter la dernière. Vous obtiendrez donc de nouveaux résultats à toutes les fois. Ainsi, vous créez continuellement de nouvelles boucles qui transformeront votre relation avec l'Argent et qui vous mèneront à de nouveaux revenus ! C'est de cette façon que vous accéderez éventuellement à la liberté financière et que vous pourrez apporter votre plus grande contribution au monde, tel que nous le verrons dans quelques instants.

CHAPITRE 7

VOTRE RELATION AVEC L'ARGENT RÉVÈLE VOTRE CONTRIBUTION AU MONDE

« Si vous voulez devenir riche, servez tout simplement plus de gens. »

ROBERT KIYOSAKI

Comme vous l'avez certainement remarqué depuis le début de la lecture de cet ouvrage, plusieurs éléments gravitent autour de la relation avec l'Argent et nous touchons enfin le dernier élément, soit votre contribution. En effet, votre relation avec l'Argent révèle votre contribution au monde. Celle-ci fait référence à votre raison d'être et à votre mission, à être en service, à donner au suivant et à redonner à la communauté. Votre contribution ne pourra jamais être plus grande que votre temps, votre énergie et votre Argent. De plus, comme la contribution est la dernière étape de la transformation (chapitre 1), plus vous vous transformerez et plus votre contribution grandira. Enfin, elle constituera votre plus grand legs au monde actuel tout comme aux générations qui vous suivront.

Pour apporter votre contribution au monde, rien de compliqué. Peu importe que vous soyez garagiste, comptable, chimiste, infirmière, entrepreneur, thérapeute, coach ou encore retraité, parent à la maison, adolescent, etc., c'est la même recette qui s'applique. Soyez vous-même, aidez les autres au meilleur de vous, partagez autant vos connaissances et vos expertises que vos outils et vos talents. Soyez autant dans le cœur, la bienveillance que la générosité, tout simplement. Votre contribution dépendra surtout de vos intentions, de vos visions, de vos valeurs, de vos dons de même que de votre mission, votre niveau de conscience, votre niveau d'incarnation ainsi que de votre relation avec l'Univers. C'est ce que nous verrons à l'instant.

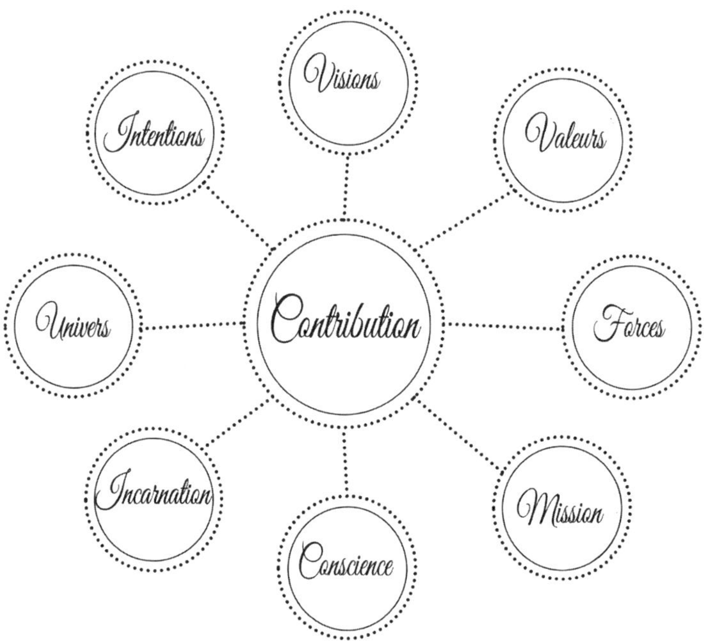

LES DIFFÉRENTS ÉLÉMENTS QUI CONSTITUENT LA CONTRIBUTION

L'Argent, vos intentions, vos visions et vos valeurs

Depuis trop longtemps déjà, faire de l'Argent a été associé non pas au pouvoir, mais bien à l'abus de pouvoir, ce qui change tout. Comme les raisons à l'origine de cette croyance ont amplement été abordées dans les chapitres précédents, je ne reviendrai pas sur cela. De ce fait, pour une grande majorité des gens, juste l'idée de faire de l'Argent les répugne au plus haut point. Ils veulent l'Argent mais pas l'abus qui pourrait venir avec.

Sachez que vous ne pouvez pas avoir seulement la médaille, l'envers suivra toujours. Cependant, faire de l'Argent et abuser de son pouvoir sont deux choses complètement différentes. Il est grand temps d'ailleurs que votre cerveau les dissocie entièrement. Que vous le vouliez ou non, le monde d'aujourd'hui est autant basé sur l'Argent que contrôlé par lui. Pour apporter votre réelle contribution au monde, vous devez d'abord être en paix avec cette réalité.

Ainsi, plus vous êtes en paix avec l'Argent, plus il vous servira de levier pour apporter votre contribution. C'est un peu comme si vous aviez le choix entre une plus petite ou une plus grosse pelle. En plus de vous donner plus de moyens, la plus grosse pelle vous permettra d'être plus rapide et efficace. Conséquemment, plus vous avez d'Argent, plus votre contribution grandira rapidement.

D'ailleurs, rappelez-vous que l'Argent est une énergie neutre avant tout. Faire de l'Argent et ce que vous faites avec lui par la suite n'ont rien à voir ensemble. Ce que vous ferez avec lui dépend d'abord de vos intentions, de vos visions, de qui vous avez décidé de servir, le bien ou le mal, l'ombre ou la lumière, comme de vos valeurs. À partir de là, vous pouvez tout détruire ou tout créer avec votre Argent.

Ceux qui ne cherchent qu'à faire de l'Argent ne se soucient pas du comment ils font pour y arriver. En effet, parce qu'ils ont choisi de servir l'ombre, ils mettent tout en leur pouvoir, et ce, peu importe les impacts, les répercussions et que des vies soient en jeu ou non. Ils sont dans la course, voire dans l'obsession de l'Argent. Toute leur attention est portée sur leur compte bancaire. Ils ne cherchent qu'à augmenter leur propre avoir financier jour après jour. Tant que ça rapporte de l'Argent, c'est gagnant, même au détriment des autres. C'est de l'abus de pouvoir.

Séraphin Poudrier[56], personnage principal de l'émission historique *Les Belles Histoires des pays d'en haut*, en est un bon exemple. Il avait une peur obsessionnelle de se faire voler son or et il était prêt à tout pour la protéger. Il dépensait peu, au détriment de tous, même de sa famille et abusait des pauvres en leur chargeant des intérêts faramineux. Non seulement, il a marqué le Québec en entier pour son avarice mais il a également renforcé la croyance religieuse que la richesse est associée à l'abus de pouvoir et à l'enfer.

De plus, vous n'avez pas besoin de beaucoup d'Argent pour vivre l'abus de pouvoir. Dès que la blessure d'abus est activée, vous l'expérimentez à différents niveaux, soit vous abusez des autres ou vous les laissez vous abuser, ou encore vous abusez de vous-même.

Par exemple, plusieurs vont abuser autant qu'ils peuvent en revendiquant que tout soit gratuit comme si c'était un dû. Ils vont se permettre de critiquer même ce qui leur a été donné. Ils vont abuser de votre Argent, de votre temps, de votre énergie et de votre patience. Le plus cocasse, c'est d'avoir vu à quelques reprises des entrepreneurs qui étaient bien conscients

---

56 https://fr.wikipedia.org/wiki/Les_Belles_Histoires_des_pays_d'en_haut

de leur blessure d'abus mais qui tentaient inconsciemment d'abuser de multiples façons. Leurs comportements étaient flagrants et se démarquaient complètement des autres chez qui cette blessure n'était pas activée.

Je pense aussi à cette entrepreneure qui me partageait comment ses propres clientes abusaient d'elle. Par exemple, l'une d'entre elles lui avait laissé une dizaine de messages sur sa boite vocale en une seule après-midi, alors que d'autres négociaient ses prix ; bref, elle expérimentait l'abus dans son entreprise de multiples façons. Après avoir compris et apaisé sa blessure du passé, en moins d'un mois les abus ont cessé. Elle a monté ses prix, donc sa valeur, puis l'épuration naturelle s'est faite et, depuis, sa clientèle ne cesse d'augmenter.

En affaires, ceux qui ont choisi de servir l'ombre mettent en place une entreprise axée dans le Faire, donc, un empire financier vide d'Être, de sens, de cœur, d'essence, qui est davantage orienté sur les résultats, et ce, peu importe les dommages collatéraux, c'est-à-dire les impacts sur autrui, sur la communauté, sur l'environnement, sur la planète, etc. L'Argent est le résultat à atteindre à tout prix, coûte que coûte. C'est donc une entreprise qui n'est pas portée sur des intentions de cœur, de bienveillance, d'amour, de paix, d'harmonie mais qui est plutôt menée par des intentions bien personnelles où la peur est maître à bord.

Servir le bien et la lumière

Si, à l'inverse, vous êtes de nature altruiste ou spirituelle, vous avez choisi de faire le bien et de servir la lumière. Vous utilisez donc l'Argent pour vous élever et élever les autres. Faire de l'Argent est donc tout aussi important que comment vous allez en faire. Vous honorez vos valeurs à travers ce que vous faites. Vous portez toute votre attention sur ce qui est juste. Vous ne voulez que le meilleur pour toutes les parties impliquées, soit vous, les autres et l'Univers. Faire de l'Argent est un moyen pour réaliser vos intentions comme vos grandes visions, par exemple aider plus de gens et contribuer à créer un monde d'amour, de paix, de joie et d'harmonie. C'est ainsi que plus vous faites de l'Argent, plus vous pouvez aider de gens, plus vous pouvez réaliser votre mission et plus vous pouvez contribuer à changer le monde !

Si vous êtes en affaires et que vous désirez mettre en place une entreprise dans l'Être, vous visez à faire une différence et à contribuer à un monde meilleur. Une entreprise orientée vers son prochain et concernée autant par les résultats que par le chemin parcouru pour y arriver. Une entreprise qui répondra à des visions et à des intentions plus grandes et nobles, faisant partie du Grand Plan de l'Univers.

C'est donc un véritable empire financier et spirituel qui part de vous. Vous êtes le maître à bord pour manifester dans la matière. Enfin, c'est à travers ce véhicule terrestre que vous pouvez aider le plus de gens, réaliser votre mission dans sa plus grande expression, faire une différence dans le monde et contribuer à le changer.

Pensez par exemple à Louise Hay[57], à Bill et Melinda Gates[58] et à Oprah Winfrey[59] qui ont créé leur empire financier et spirituel chacun à sa façon. D'ailleurs, ces personnes font partie de ce que Joe Vitale[60] appelle un millionnaire éveillé, c'est-à-dire un millionnaire qui est autant riche financièrement que spirituellement et qui voit l'Argent comme le plus grand outil spirituel pour changer le monde.

---

57 https://www.louisehay.com/

58 https://www.gatesfoundation.org/

59 http://www.oprah.com/app/the-oprah-winfrey-show.html

60 Vitale, Joe. *Le millionnaire éveillé*, Éditions Le Dauphin Blanc, 2017, 264 pages.

Par contre, c'est seulement en rayonnant, en ayant du succès, des clients et de l'Argent que vous y arriverez. Vous devez donc garder en tête, en tout temps, la fameuse question : « Qui dois-je Être pour attirer et manifester ______ $ par année ? » afin de passer continuellement au prochain niveau d'expansion et de chiffre d'affaires. C'est votre devoir et votre responsabilité. Ce qui vous demandera d'être en perpétuelle transformation, de vous développer à différents niveaux et de mettre en place des stratégies pour y arriver.

Enfin, avec l'Argent vient le pouvoir, celui de détruire la planète autant que celui de créer un monde meilleur, tout dépend encore une fois des intentions et des visions que vous avez, des valeurs que vous choisissez d'honorer comme de ce que vous avez choisi de servir. Bien entendu, vous avez toujours le libre arbitre de rechoisir à tous les jours qui et comment vous voulez servir.

À cet effet, voici un exemple particulier à noter. Depuis les six dernières années, l'émission historique *Les Belles Histoires des pays d'en haut* a été reprise sous le nom *Les Pays d'en haut*[61]. Au moment où je termine l'écriture de ce livre, la scène finale de la dernière saison nous montre Séraphin qui a vaincu son obsession pour l'Argent, qui est entré dans la bienveillance du cœur, qui a choisi d'honorer sa femme et de devenir le pourvoyeur protecteur de sa famille. C'est donc une page de l'histoire du Québec qui vient d'être réécrite avec une fin apaisante et libératrice pour bien des générations passées.

L'Argent, vos forces, vos talents et vos dons

Qu'on parle de forces, de talents ou de dons, pour moi, c'est du pareil au même et tout le monde en a. Vous en avez

---

61 https://ici.tou.tv/les-pays-d-en-haut

certainement, vous aussi, peut-être ne les avez juste pas encore découverts. Certaines personnes ont des forces, des talents ou des dons plus spirituels, comme la clairvoyance, la clairaudience, la canalisation, etc., alors que d'autres en possèdent qui sont plus terrestres, comme les langues, les chiffres, la musique et autres.

Tant que vous êtes dans les dons terrestres, il est généralement plus facile d'accepter d'être rémunéré en fonction de ce que vous faites puisque c'est la norme dans la société d'aujourd'hui. En effet, ces dons étant davantage perçus comme des forces ou des talents, ils sont généralement mieux acceptés. Étant souvent associés à des métiers, ils sont donc plus facilement rémunérés par la société.

Le mot «don» est, quant à lui, davantage associé à tout ce qui touche le spirituel. Si vous possédez des dons spirituels, c'est une tout autre histoire. Autrefois, parmi toutes les personnes qui avaient des dons spirituels, celles qui osaient les utiliser le faisaient pour aider les autres, et ce, généralement gratuitement. À la limite, certaines acceptaient des dons en échange, tout au plus. Aujourd'hui, ces mêmes personnes vous diraient que ce qu'elles ont reçu gratuitement doit le rester, sous peine de perdre possiblement leurs dons. Vraiment?

Bien que la tendance commence à changer, la majorité des personnes ayant des dons spirituels ont, encore aujourd'hui, un travail alimentaire pour subvenir à leurs besoins terrestres. Cependant, comme nous avons des ressources de temps et d'énergie limitées sur terre, il est impossible de réaliser votre mission dans sa plus grande expression dans ces conditions. D'autant plus que vous n'êtes pas du tout dans le même niveau de conscience. Le travail de subsistance fait partie de la survie alors que la mission se retrouve à l'autre opposé du continuum dans le niveau de conscience du service. Il est donc tout à fait normal, de nos jours, d'être rémunéré pour vos dons, c'est même votre droit. Tout comme le garagiste est rémunéré pour s'occuper de votre auto, votre coiffeuse, pour vos cheveux ; chacun a ses forces, ses talents et ses dons, chacun a droit à sa rémunération.

D'ailleurs, je vous avoue que je me demande encore qui a décidé que seuls les dons terrestres méritaient d'être rémunérés. Je crois profondément que tout ce que Dieu, la Vie, l'Univers vous a donné mérite d'être utilisé au service des autres. De plus, tout mérite d'être rémunéré puisque sur terre, l'Argent est le moyen concret utilisé pour démontrer votre gratitude pour les services reçus. Pensez-y un instant, que vous dirait Dieu s'il pouvait aujourd'hui même vous parler directement à l'oreille ? Oui, il vous donnerait sa bénédiction pour pouvoir utiliser toutes vos forces, vos talents et vos dons pour aider votre prochain.

De plus, gardez en tête que vous êtes rémunéré non seulement pour vos dons mais également pour votre temps, votre énergie et aussi pour votre expérience et les compétences que vous avez développées avec les années. Vous êtes aussi rémunéré pour votre contribution, c'est-à-dire pour la transformation que les gens vivent, pour la différence que vous faites et pour la valeur que vous apportez au monde.

Enfin, comme mentionné, vous êtes toujours rémunéré pour qui vous êtes, peu importe ce que vous faites. Cependant, l'Argent a longtemps été associé au Faire alors qu'en réalité, il est directement en lien avec l'Être et votre valeur. Cela n'a donc rien à voir avec le fait d'avoir travaillé fort à l'école pour développer une expertise ou d'avoir une expertise naturelle grâce à vos dons.

Malheureusement, si vous refusez d'être rémunéré pour vos dons, cela indique que vous refusez complètement votre valeur tout comme les cadeaux que l'Univers vous a offerts.

C'est votre devoir d'honorer vos dons au quotidien. C'est ainsi que vous contribuez à un monde meilleur. Pour savoir si vous honorez pleinement vos forces, vos talents et vos dons, répondez simplement à ces trois questions :

1. Assumez-vous publiquement vos dons ?
2. Honorez-vous vos dons en les utilisant au quotidien dans votre entreprise ?
3. Êtes-vous rémunéré à votre juste valeur pour vos dons ?

Vous aurez certainement deviné. Plus vous répondez OUI, plus vous les honorez pleinement. Vous êtes donc là pour servir et le monde a autant besoin de vous que de vos dons. La meilleure façon d'y arriver, c'est soit en les intégrant dans vos services actuels, soit en développant une toute nouvelle offre de services uniques dans laquelle vous les mettrez mettez en avant-plan. Vous pourriez, par exemple, être un agent d'immeubles qui utilise ses dons pour parler aux personnes décédées et faciliter les ventes de maisons, comme vous pourriez être un massothérapeute qui ajoute la canalisation de messages durant les soins. Et si je vous donne ces exemples, c'est que je connais des entrepreneurs qui le font déjà.

De plus, si vous êtes seul à faire ce que vous faites présentement, la valeur de vos services sera d'autant plus grande. Rappelez-vous, les spécialistes sont toujours plus rémunérés que les généralistes, car leur expertise est encore plus pointue et leurs services sont beaucoup plus rares. C'est une question d'offre et de demande.

Imaginez, vous avez le choix entre deux massothérapeutes, ostéopathes, coachs, etc. L'un offre le service terrestre seulement alors que l'autre met également ses dons à contribution, lequel serez-vous porté à aller voir ? Combien seriez-vous prêt à payer de plus pour avoir accès à ce service particulier ? Ce sera la même chose pour vous. Vous seriez même étonné de savoir le nombre de gens prêts à payer plus cher pour avoir accès à votre éventail de dons, de forces et de talents.

Par exemple, de mon côté, on m'engage pour mon troisième œil. Je vous avoue que la première fois qu'on m'a dit ça, je suis restée bouche bée, mais comme ça m'est arrivé à plusieurs reprises, je le partage ici en toute humilité. Alors oui, je vois votre entreprise et tout ce qui n'est pas aligné. Je vois également tout votre potentiel et quoi faire pour le développer à son maximum, à la vitesse de la lumière si vous le voulez !

L'Argent, votre mission et votre niveau de conscience

Tout d'abord, votre mission d'âme est de briller sur terre alors que votre mission en tant qu'être humain est d'apporter votre message unique au monde. Vous savez, l'Argent à mes yeux est le plus grand outil spirituel pour réaliser votre mission dans sa plus grande expression et apporter votre plus grande contribution au monde. En fait, je dirais même que la fonction ultime de l'Argent est de traduire dans la matière votre mission en un impact positif dans le monde, qui peut s'étaler sur des générations. Ainsi, plus vous avez de l'Argent, plus vous pouvez aider de personnes et plus vous avez d'impact.

D'ailleurs, cela va exactement dans le même sens que dit Walt Disney[62], qui résume très bien sa relation entre l'Argent et la mission : « Nous ne faisons pas de film pour gagner de l'Argent, nous gagnons de l'Argent pour faire plus de films. » Ainsi, nous n'aidons pas le monde pour gagner de l'Argent, nous en gagnons pour aider plus de monde. C'est donc votre mission qui donnera un sens à votre Argent.

Parce que vous êtes en constant cheminement sur la spirale d'évolution, vous traverserez différents niveaux de conscience.

---

62 https://citation-celebre.leparisien.fr/auteur/walt-disney

Vous réaliserez donc votre mission selon les différents niveaux de conscience correspondant et cela peut prendre des formes diverses. Par exemple, vous pourriez travailler dans un bar ou conduire un autobus, faire du ménage et réaliser ainsi votre mission à votre façon, tout comme être conseiller financier, médecin ou ingénieur, etc. Peu importe le genre de travail que vous exercez et pour quelle entreprise vous œuvrez, vous pouvez réaliser votre mission si la vôtre est compatible avec celle de votre employeur, bien entendu. Si non, il y a de fortes probabilités que vous ne faites que réaliser la mission d'un autre.

Vous pouvez également la réaliser à travers un service que vous offrez dans vos temps libres en dehors de vos heures de travail, ou encore à travers du bénévolat. Bref, vous réalisez déjà votre mission d'une certaine façon grâce à ce que vous faites actuellement.

Toutefois, il y a une grosse différence entre ces deux façons de faire : *réaliser* votre mission ou *vivre* de votre mission. Cette dernière façon faisant davantage référence à *réaliser votre mission dans sa plus grande expression*. En fait, dès que vous êtes dans le niveau de conscience de survie, vous êtes également dans un état vibratoire de contraction et un mindset de manque. Vous ne pouvez donc pas être en survie et réaliser votre mission dans sa plus grande expression, comme vous ne pouvez pas être en survie et vivre dans l'abondance financière. Cependant, rien ne vous empêche de réaliser votre mission d'une certaine façon, comme il est mentionné précédemment.

À l'opposé, quand vous réalisez votre mission dans sa plus grande expression, tout comme lorsque vous êtes dans l'abondance financière, vous êtes dans un état vibratoire d'expansion, le niveau de conscience du service et le mindset d'abondance.

De plus, comme vous avez le libre arbitre de choisir, vous pouvez opter pour vivre de votre mission en créant de toutes pièces le véhicule terrestre qui vous permettra d'y arriver : votre entreprise. Comme *vivre* de votre mission fait référence à votre valeur et à votre relation avec l'Argent, vous devrez donc dès le départ non seulement accepter de faire de l'Argent mais être motivé à en faire beaucoup. Vous devrez ensuite vous engager à réaliser votre mission dans sa plus grande expression. Comme votre entreprise est le prolongement de vous-même, vous serez alors en perpétuelle transformation afin de passer d'un niveau d'expansion à un autre et d'un chiffre d'affaires à un autre.

Ainsi, pour chaque niveau d'expansion et de chiffre d'affaires que vous désirez atteindre, vous n'aurez qu'à vous poser une seule question : « Qui dois-je Être pour attirer ______ $ par année ? » Votre réponse vous amènera continuellement à vous libérer des vieilles croyances, à changer votre mindset et à transformer votre relation avec l'Argent puisque celle-ci peut soit vous propulser, soit vous empêcher de vivre de votre mission.

Enfin, à la question : « Est-ce que tout le monde doit vivre de sa mission ? », je répondrais « non ». Vous êtes venus sur terre dans un but bien précis avec une mission bien spécifique à réaliser. Certaines missions demandent plus de temps, d'énergie et d'Argent, alors que d'autres se réalisent plus simplement. Au final, tout ce qui compte vraiment, c'est de sentir que vous avez tout mis en œuvre pour Être la meilleure version de vous-même et l'offrir au monde. Ce qui est le plus important, c'est que la journée où vous quitterez cette Terre, que vous soyez fier de vous, que vous vous sentiez en paix et que vous puissiez dire « Mission accomplie ! »

L'Argent et votre incarnation terrestre

Accepter son incarnation, c'est accepter de vivre l'expérience humaine à 100 % dans la matière comme dans l'Argent parce qu'il n'y a pas plus matière que l'Argent. L'Argent vous indique donc à combien vous êtes incarné dans la matière. Si vous refusez votre incarnation, vous refusez également votre mission.

Si vous voulez donc vivre de votre mission, vous devez non seulement accepter complètement votre incarnation, mais être pleinement incarné dans la matière. Pour y arriver, la solution est simple, vous devez habiter totalement votre corps. Si vous êtes comme moi et la majorité de la population, je vous invite à commencer à *aimer votre corps* dès maintenant.

Vous devez également utiliser 100 % des ressources terrestres, ce qui signifie d'utiliser tout l'Argent mis à votre disposition. Je vous répète cette affirmation : *Si vous êtes comme moi et la majorité de la population, je vous invite à commencer à aimer l'Argent dès maintenant.*

Comme beaucoup de femmes ont de la difficulté à s'incarner dans la matière, elles refusent catégoriquement de s'incarner ou se demandent ce qu'elles sont venues faire sur terre, vous comprendrez que le défi peut être de taille encore plus si ces femmes sont en affaires. Généralement, celles qui refusent leur incarnation et tout ce qui vient avec ont des AF beaucoup plus célestes. Si tel est le cas pour vous, votre dernier AF risque d'être terrestre, question de rééquilibrer le tout. Plus vous vous alignerez avec lui, plus vous serez en mesure de vous incarner. À l'opposé, elles qui disent plus facilement oui à la vie terrestre ont des AF beaucoup plus ancrés dans la matière. Ainsi, elles manifestent beaucoup plus facilement, tout comme la majorité des hommes, d'ailleurs.

Je me rappelle une cliente qui arrivait à peine à boucler ses fins de mois. Elle savait que l'incarnation terrestre était un défi pour elle. Elle essayait différentes approches pour réussir à s'incarner et s'enracinait à tous les jours sans succès. Avec un trio d'AF célestes, l'Argent était un réel défi pour elle, comme c'est le cas pour toutes celles qui se tiennent dans les hautes sphères. Comme son dernier AF était l'Accumulatrice, je lui ai proposé de commencer tout simplement à suivre son Argent à tous les jours, autant ses entrées que ses sorties. Une approche très terrestre pour avoir des résultats dans la matière. Après quelque temps, j'ai reçu un petit cadeau bien symbolique de sa part, elle avait enfin réussi à mettre sur pied un de ses projets qui lui tenait à cœur.

Enfin, rappelez-vous qu'il n'y a pas plus matière que l'Argent lui-même, plus votre niveau d'incarnation dans la matière est élevé, plus vous attirez facilement l'Argent à vous. Ainsi, plus vous avez de l'Argent, plus c'est un signe que votre niveau d'incarnation dans la matière est élevé aussi.

Comment passer au prochain niveau d'expansion et de contribution

Imaginez un escalier où chaque marche est un niveau d'expansion. Pour passer d'une marche à une autre, vous devez nécessairement vous transformer et devenir qui vous avez à Être pour contribuer à ce niveau. Votre contribution grandira au fur et à mesure que vous monterez les marches.

Pensez à une roche que vous lancez dans l'eau. Plus la roche est grosse, plus l'onde grandit. Ainsi, plus vous prenez de l'expansion, plus votre rayonnement grandit et plus votre contribution aussi grandit. De plus, comme l'extérieur est le miroir de l'intérieur, tant que vous n'obtenez pas les résultats que vous désirez, vous continuez de travailler pour passer d'un niveau d'expansion à un autre.

Vous aurez toujours à vous désaligner du niveau où vous êtes actuellement pour vous aligner avec le prochain niveau d'expansion. Vous provoquerez ainsi volontairement un désalignement. Cependant, vous savez que celui-ci est temporaire et nécessaire pour arriver au prochain niveau. C'est comme lorsque vous montez un escalier, à un certain moment vous êtes désaligné, ayant un pied dans le vide le temps de poser l'autre pied bien solide sur la prochaine marche.

Ces moments de désalignement peuvent être plutôt très déstabilisants puisqu'ils vous obligent à laisser aller d'anciennes croyances, mémoires ou versions de vous-même comme de vieux mindset, des patterns ou des points de repère. En effet, quand vous créez un désalignement, le chaos s'installe autour de vous le temps que l'Univers replace le tout selon le nouvel ordre divin. Ainsi, plus le chaos est grand, plus le nouvel ordre le sera aussi.

Ce chaos peut avoir un effet similaire à celui d'une tornade dans votre vie. Si tel est le cas, imaginez entrer dans la tornade et positionnez-vous en son centre. Restez bien solide. Vous verrez alors comment tout tourne autour de vous. Faites confiance à l'Univers et restez *100 % Aligné.* Vous réaliserez à quel point ce sera plus facile pour vous de traverser la zone de turbulence. Plus vous monterez de marches, plus vous passerez de niveaux d'expansion et plus vous vous habituerez à ces passages obligés chaotiques.

Comme il est mentionné au chapitre 1, la transformation se fait à travers les trois dimensions suivantes. D'abord, l'expansion dans l'Être, où vous aurez à vous libérer de tout ce qui vous empêche de prendre de l'expansion, que ce soit au niveau de votre personnalité, de vos comportements, de vos attitudes, de vos croyances et de vos peurs, tout comme de votre mindset. Vient ensuite l'expansion dans le Faire, où vous aurez à vous développer, à augmenter vos compétences et vos connaissances, à maitriser de nouvelles stratégies et outils. Rappelez-vous que votre chiffre d'affaires est la résultante de vos croyances, de votre mindset, comme de vos décisions et actions. Enfin, l'expansion dans l'Avoir vous permettra de vous libérer de tous vos biens personnels qui ne sont plus alignés avec la nouvelle version que vous voulez être et qui freinent votre expansion.

Attention aux Accumulateurs, vous pouvez avoir bien des défis à relever si vous avez accumulé énormément de biens au fil des ans ! Peu importe le niveau d'expansion où vous êtes actuellement, vous avez donc à vous libérer de tout ce qui vous empêche de passer au prochain niveau.

Pour commencer, prenez la décision de vous libérer de tout ce que vous aviez l'habitude de tolérer comme comportements, situations, vieilles façons de faire les choses, les vieilles croyances, etc. Bref, tout ce que vous sentez qui n'est plus aligné avec la vie que vous voulez vivre, avec la nouvelle version que vous voulez Être. De plus, augmentez vos standards et gardez-les élevés en tout temps. Ne les abaissez jamais, sinon vous en diminuerez automatiquement votre valeur. Laissez plutôt les autres s'élever à vos standards.

Rappelez-vous que vous avez ce que vous acceptez. Fixez des objectifs ambitieux et portez toute votre attention sur eux. Parce que tout ce que vous suivez prend de l'expansion, sauf les dépenses ! En effet, les dépenses diminuent lorsqu'on leur porte attention. Enfin, autant l'expansion se fera dans ces trois dimensions, autant celle-ci se fera dans les huit sphères de vie, que nous verrons ci-après, que dans votre relation avec l'Argent et les affaires.

Comment passer au prochain niveau d'expansion dans les huit sphères de la vie

Vous avez également à passer au prochain niveau d'expansion dans toutes les sphères de votre vie. Pour cela, passez en revue tout ce que vous faites dans votre quotidien pour chacune des huit sphères suivantes.

Au niveau de la sphère *personnelle*, évaluez votre personnalité, vos habitudes de vie, vos visions, vos intérêts et vos passions. Au niveau *familial*, évaluez vos relations avec vos proches, vos parents, vos frères et sœurs tout comme avec vos enfants. Au niveau *social*, même chose, évaluez votre relation avec vos amis. Au niveau *spirituel*, évaluez votre pratique parce que la spiritualité n'est pas constituée seulement de croyances. Elle est autant une façon de voir la vie qu'un mode de vie. Au niveau *professionnel*, cette sphère fait référence à vos connaissances, à vos expertises, à vos compétences, et ce, peu importe que vous soyez salarié, travailleur autonome, entrepreneur, homme ou femme d'affaires. Assurez-vous de vous réaliser au maximum dans un travail que vous aimez. Au niveau *matériel*, évaluez votre consommation ou votre surconsommation, et assurez-vous que tous vos biens matériels soient alignés avec vous. Au niveau *financier*, suivez votre Argent assidûment. Enfin, la dernière sphère et non la moindre, et pour l'avoir vécu je vous dirais la plus transformante, la sphère du *couple*. Au niveau amoureux, évaluez votre relation avec votre partenaire de vie. J'insiste sur le mot *partenaire*, car la majorité des gens sont en couple mais sont surtout malheureux en couple. En effet, Yvon Dallaire, psychologue, indique que seulement 15 à 20 % des couples seraient réellement heureux[63].

Comme la relation de couple peut facilement remettre en question toute la sécurité financière, c'est généralement la sphère la plus redoutée où personne ne veut aller ni même y penser. Si vous vous reconnaissez, je vous comprends. Les prises de conscience peuvent être saisissantes, la réalité peut frapper fort, tout comme vous faire mal et vous emporter dans un tsunami dans lequel vous n'aurez aucun contrôle. Toutefois, si vous avez le courage de plonger dans cette sphère coûte que coûte, possiblement que, oui, le chaos sera gigantesque, mais dites-vous bien que le nouvel ordre divin qui suivra le sera tout autant si vous avez fait, bien sûr, la transformation qui vous permettra de passer au prochain niveau d'expansion.

---

63 Formation en thérapie conjugale positive, www.yvondallaire.com

Personnellement, j'ai fait cette transformation qui m'a amenée à redéfinir complètement ma vie amoureuse. Comme personne ne fait d'omelette sans casser des œufs, je n'ai pas pu y échapper. Bien des cadeaux mal emballés m'attendaient. Ainsi, même si la relation avec le père de mes enfants n'était plus possible au niveau amoureux, nous avons convenu de nous « démarier » dans le respect, l'entraide et l'harmonie pour le bien-être de nos enfants. Nous avons également choisi de créer un nouveau modèle familial dans lequel nos nouveaux partenaires de vie seraient inclus de même que leurs enfants, et c'est exactement ce que nous vivons. De mon côté, après avoir passé bien des niveaux d'expansion dans cette sphère de vie pendant plus d'une année, j'ai pu attirer à moi le partenaire de vie idéal à tous les niveaux. Alors oui, tout est possible !

De plus, comme ces sphères sont semblables à des vases communicants, vous risquez d'avoir à peu près le même genre de défis, de résultats, d'insatisfactions ou de satisfactions dans chacune des sphères. Par exemple, si vous avez une blessure du passé active, elle risque de l'être dans toutes les sphères de votre vie, ou encore si vous avez un AF qui est désaligné, il risque d'apporter un impact négatif partout lui aussi. Autre exemple, avec l'arrivée des enfants, il est fréquent que les femmes s'oublient complètement et ne soient plus présentes pour leur couple, pour se réveiller quand tous les enfants ont quitté le nid familial et réaliser qu'elles n'ont été que mère de famille 24 heures sur 24 pendant trop d'années. Si leur conjoint est encore là et fidèle, elles seront chanceuses, car il y a bien des risques que leur couple ne tienne qu'à un fil. Pour celles qui sont plutôt de type workaholique, elles ne compteront pas les heures au travail et, malheureusement, elles délaisseront autant leurs enfants, leur couple qu'elle-même.

Personnellement, après avoir eu mon premier bébé, j'ai mis une croix sur mon couple comme sur moi. Je n'existais donc plus vraiment. J'étais une professionnelle de jour et une mère de soir comme de nuit. Malheureusement, après des années à survivre ainsi, il y a eu des impacts majeurs dans ma vie. Je me suis complètement abandonnée pendant trop longtemps, j'ai pris du poids et je ne prenais plus soin de moi. Tant qu'à mon couple, je l'avais complètement laissé, lui aussi.

Puis un jour, j'ai réalisé à quel point le fait que je ne sois ni alignée, ni assumée, ni épanouie m'empêchait de passer au prochain niveau d'expansion de mon entreprise. Ça a été le déclic qui m'a permis de passer à l'action afin de ramener un certain équilibre dans mes différentes sphères de vie. Puis, il me restait la pointe amoureuse à mettre en place. Je partais vraiment de loin et j'ai vraiment eu à marcher mon chemin pour amener ma sphère amoureuse dans sa plus grande expression. La transformation qui m'a été donnée de vivre a eu des répercussions positives inattendues sur toutes mes autres sphères de vie et, depuis, je continue à prendre de l'expansion dans chacune d'elles.

Aujourd'hui, je sais plus que jamais à quel point mon équilibre est important puisque c'est ce dernier qui me permet d'être partout la meilleure version de moi-même. C'est ainsi que tout le monde en bénéficie, moi d'abord, mes enfants, mon amoureux, mes clients et même l'humanité.

Retrouver votre équilibre dans chacune de vos sphères est donc primordial afin de pouvoir prendre de l'expansion autant comme femme, amoureuse, mère que comme professionnelle. Même chose pour vous, messieurs. Sinon, vous aurez l'impression de traîner un boulet et vous devrez un jour ou l'autre vous en libérer si vous désirez augmenter votre valeur, votre revenu ou votre chiffre d'affaires et amener votre contribution dans sa plus grande expression.

Comment passer au prochain niveau d'expansion au niveau financier

Comme dans toutes les sphères de votre vie, c'est la même chose qui s'applique pour faire passer votre relation avec l'Argent à un autre niveau. Vous devez passer d'un niveau d'expansion à un autre jusqu'à l'atteinte du revenu ou du chiffre d'affaires visé.

Pour y arriver, vous aurez à parler ouvertement d'Argent, de vos objectifs financiers et les assumer complètement. Vous avez également à suivre votre Argent à tous les jours parce que tout ce qui reçoit votre attention prend de l'expansion! De plus, vous aurez aussi à apprendre à aimer l'Argent, l'aimer assez pour lui consacrer de votre temps en vous inscrivant à des programmes pour vous éduquer financièrement. Enfin, vous devrez trouver un conseiller ou un planificateur financier en qui vous aurez confiance et qui pourra vous guider pour placer votre Argent de façon à le faire fructifier.

Si vous êtes déjà en affaires, vous devrez mettre en place de nouvelles stratégies d'affaires et de marketing selon l'objectif financier visé. En effet, si vous avez ou non dépassé les 100 000 $ de chiffre d'affaires annuel, les stratégies à mettre en place seront différentes. De plus, en regardant vos actions des trois derniers mois, elles vous indiqueront exactement les résultats que vous avez actuellement. Si vous en êtes satisfait, vous continuez avec les mêmes actions, si non vous avez à mettre en place de nouvelles stratégies d'affaires pour obtenir de nouveaux résultats.

Comment passer au prochain niveau d'expansion en affaires

Si vous êtes en affaires, il y a généralement trois niveaux d'expansion qui vous attendent, soit le travailleur autonome, l'entrepreneur et l'homme ou la femme d'affaires.

Regardons d'abord le premier : le travailleur autonome. Il est celui qui offre généralement des services professionnels, que ce soit de la consultation, de la relation d'aide, des traitements et des soins pour le corps ou pour l'âme. Il crée donc son propre emploi, toutefois sans les avantages financiers du salarié ni les inconvénients liés aux conditions de travail. Sa motivation se situe plus au niveau de gagner sa vie à partir de ses expertises, ses forces, ses talents et ses dons. Il a donc un modèle d'affaires payable à l'heure et il échange son temps contre de l'Argent.

Il a plutôt une vision à court terme. Il aime sa pratique telle qu'elle est actuellement. Il ne vise ni à développer ni à grossir son entreprise. Cependant, il peut rapidement être dépassé par tout ce qu'il y a à faire. En effet, voulant tout faire seul, il manquera rapidement de temps et d'énergie. Il risque de s'épuiser facilement et contrairement à ce qu'il pouvait penser, ne pas atteindre la liberté alors que c'est généralement pour cette raison qu'il s'est lancé en affaires. À long terme, l'entreprise pendra peu de valeur en dehors de la personne même qui offre les services. La relève risque d'être plutôt difficile, bien que les professionnels tels que les comptables et les notaires pourront transférer leur clientèle.

Le deuxième niveau est l'entrepreneur qui se considère plutôt comme un créateur de projets et d'emplois. Il a une entreprise à son image, selon ses valeurs et ses ambitions. Motivé par sa grande vision à long terme, il veut d'ailleurs apporter des améliorations dans le monde et même contribuer à le changer. Son modèle d'affaires est axé sur la valeur, ainsi il vend de la valeur et non du temps. Plus son entreprise grandit, plus il s'entoure de bonnes personnes pour l'aider à manifester sa grande vision. C'est ainsi qu'il réussit à monétiser son temps afin de pouvoir jouir de sa liberté et se réaliser pleinement.

Le troisième niveau est l'homme ou la femme d'affaires, qui se considère comme un visionnaire prospère. Non seulement il est un entrepreneur mais un entrepreneur qui connaît du succès financier et qui aspire ou expérimente déjà la liberté financière. Il fait littéralement de l'Argent avec ses grandes visions. D'ailleurs, il n'a pas peur de parler d'Argent puisqu'il assume totalement sa valeur. Il multiplie donc les sources de revenus comme les possibilités d'avoir plusieurs entreprises pour lesquelles il peut en tirer salaire et dividendes. Il voit continuellement les opportunités d'affaires tant pour lui que pour les autres. Il sait bien s'entourer, déléguer comme tout systématiser et automatiser dans son entreprise. Grâce à son équipe, il peut vraiment miser sur les forces de chacun et se propulser encore plus en avant-plan afin de vivre de sa mission dans sa plus grande expression et contribuer au maximum. Bien qu'il soit content de son succès, il est difficile à satisfaire et en veut davantage. Il rêve toujours à plus grand, se projetant dans le futur afin d'évoluer et de créer encore plus de valeur. Enfin, il n'a pas peur de prendre des risques pour atteindre ses objectifs les plus ambitieux. C'est un réel investisseur qui fait travailler l'Argent en sa faveur et non l'inverse.

Bref, pour ceux qui choisissent d'être en affaires, je viens de vous présenter les trois niveaux d'expansion qui existent. Bien entendu, chacun d'eux comporte ses avantages et ses inconvénients, ses limites et ses possibilités, comme ses défis et ses responsabilités. Il en tient donc à chacun de choisir selon ses propres visions, ses aspirations et ses motivations personnelles.

Votre contribution et l'Univers

En acceptant de servir plus grand que vous, de servir le Grand Plan de l'Univers, vous avez atteint la dernière étape de la transformation, la contribution et vous expérimentez maintenant le niveau de conscience du service dans lequel vous êtes en constante cocréation avec l'Univers. C'est ainsi que vous apportez votre plus grande contribution au monde.

De plus, parce que vous avez choisi d'accomplir le Grand Plan de Dieu et/ou de l'Univers, selon vos croyances, vous êtes largement récompensé. En effet, celui-ci vous soutient complètement et répond à tous vos besoins autant terrestres que célestes, tant de base que d'accomplissements. C'est alors que vous pouvez réellement réaliser votre mission dans sa plus pleine expression. À ce niveau, vous travaillez littéralement pour lui et il est votre seul et unique pourvoyeur.

Par exemple, lors de la pandémie de 2020 qui a frappé le monde entier de plein fouet, mon entreprise, qui était en pleine expansion, n'a pas fait exception. Plusieurs clients, sous l'effet de la peur, ont décidé de mettre fin au coaching alors que les autres ont décidé d'attendre avant d'investir.

De plus, le niveau de conscience de la planète a basculé rapidement dans la survie. Les peurs et l'insécurité financière se sont amplifiées au point tel que les gens se sont rués dans les magasins pour les dévaliser. Personne ne pouvait prédire ce qui allait se passer. Personne n'avait vécu une telle situation auparavant. C'était l'inconnu pour tout le monde.

De mon côté, il n'était pas question de basculer dans la peur. J'ai donc tout mis en œuvre pour maintenir mon niveau de conscience dans le service. J'ai réitéré plus que jamais mon choix de servir le Grand Plan, à la grâce de Dieu, et que les volontés de Dieu se réalisent à travers moi. Je me suis également assurée de maintenir mon niveau vibratoire dans l'expansion et mon mindset dans l'abondance.

Aujourd'hui, je remercie encore mon Accumulatrice d'avoir joué si bien son rôle. En effet, elle avait épargné au maximum en 2019 dans le but de me créer une sécurité et une stabilité financière à court terme. Malgré tout, ma situation, tout comme celle de milliers d'entreprises, restait précaire. Après que j'ai vécu de nombreuses semaines d'insécurité, le gouvernement a annoncé plusieurs diverses mesures pour aider les entreprises. C'est ce qui m'a permis de reprendre mon souffle et de passer au travers. Depuis, mon mantra «À la grâce de Dieu!» fait partie de mon quotidien. Cette expérience m'a permis de renforcer ma connexion avec l'Univers et ma foi en Dieu.

Comment fonctionne l'Univers

Comme il a été expliqué au chapitre 1, j'ai pensé pendant longtemps, comme bien des gens d'ailleurs, que je devais d'abord Avoir pour ensuite pouvoir Faire ce que je voulais et Être qui je suis vraiment. Jusqu'au jour où j'ai compris que cette croyance, qui devait sûrement être vraie à l'époque où chacun devait assurer sa survie, était maintenant complètement dépassée. Et j'ai vraiment eu une révélation qui a tout changé pour moi le jour où j'ai compris comment fonctionne vraiment l'Univers. En fait, c'est tellement simple que même les enfants vont comprendre.

L'Univers ressemble à une grosse photocopieuse et travaille toujours en mode «copier-coller». Il ne fait que des copies de ce que vous vibrez et vous les envoie dans la matière. Il répond donc en tout temps selon votre taux vibratoire. Ainsi, peu importe les intentions, les phrases positives et les mantras que vous pouvez répéter à tous les jours, l'Univers continuera de répondre seulement à votre taux vibratoire en vous renvoyant des situations correspondantes au même état vibratoire.

La bonne nouvelle, c'est que vous manifestez toujours! La moins bonne, c'est que vous ne manifestez pas nécessairement ce que vous voulez, mais toujours ce que vous vibrez!

Et, bien entendu, ce que vous vibrez est la résultante de ce que vous êtes comme de votre mindset. Conséquemment, selon votre mindset, vous aurez un taux vibratoire qui correspondra soit au manque, soit à l'abondance. Dans le manque vous attirerez davantage de manque, alors que dans l'abondance vous attirerez plus d'abondance. Alors, peu importe ce que vous voulez vivre, réaliser, Avoir, Faire, vous devez d'abord Être pour ensuite pouvoir le vibrer et ensuite manifester dans la matière.

Comment être en cocréation avec l'Univers

Non seulement, l'Univers fonctionne par vibration, mais il travaille en cycle d'action-réception en continu. La cocréation est donc un acte en deux parties dans lequel vous êtes dans l'action pour ensuite Être dans la réception. Bien entendu, l'Univers fera l'inverse de vous.

Pendant que vous êtes dans l'action, il est en mode réception de votre taux vibratoire. Pendant que vous êtes dans la réception, il conspire à la hauteur de votre action. En d'autres mots, pendant que vous travaillez, il vous regarde aller. Pendant qu'il travaille, vous relaxez et vous le regardez!

De plus, Être en réception ne veut pas dire ne rien Faire, au contraire. C'est pendant la réception que se dessinera le prochain pas qui vous attend. Vous avez donc à regarder les opportunités qui se présentent à vous et saisir celle qui vous rapprochera le plus de l'objectif que vous voulez réaliser. Car contrairement à ce que bien des gens pensent, l'Univers ne vous enverra pas nécessairement la somme d'Argent que vous voulez comme un chèque à la poste.

Par contre, il vous enverra des opportunités, par exemple la possibilité que votre conjoint, un parent ou un ami vous soutienne financièrement, avoir accès à un prêt, une marge ou une carte de crédit, ou encore à un programme de subvention gouvernementale, etc. Pour les voir, vous devez être en réception. Dès qu'il vous en envoie une, vous la saisissez, car vous savez que c'est ainsi qu'il vous dévoile le prochain pas à faire.

Si vous ne saisissez pas ces opportunités, c'est comme si vous refusiez ce que l'Univers vous envoie. L'Univers passera par différents canaux ou portes d'abondance financière. Il ne passera donc pas nécessairement par le canal auquel vous vous attendez, ou par celui que vous voulez, pour vous envoyer l'Argent dont vous avez besoin.

Si vous êtes de type workaholique avec un Dirigeant ou un Accumulateur en excès, votre plus grand défi sera effectivement d'être en réception. Cela vous demandera un gros effort pour arrêter de Faire et tout simplement Être. C'est ainsi que vous serez en mesure de non seulement voir et saisir les opportunités mais aussi de reconnaître votre réelle valeur. Vous enverrez alors un puissant message à l'Univers, celui que vous valez assez pour prendre un temps d'arrêt, prendre soin de vous et profiter de la vie.

À l'inverse, si vous faites partie de ceux qui profitent peut-être un peu trop de la vie comme les Romantiques et les Connecteurs, vous aurez à vous mettre en action pour pouvoir activer le cycle. Sinon, l'Univers ne pourra pas conspirer plus que vous.

Vous avez donc à respecter ce cycle pour être en cocréation et à le répéter continuellement jusqu'à ce que vous manifestiez ce que vous voulez. Ce qui veut dire que si vous voulez augmenter votre revenu ou votre chiffre d'affaires, vous avez d'abord à Être dans l'action avant d'Être en réception. Vous devez faire un acte de foi, car vous n'avez aucune garantie que vous obtiendrez les résultats désirés.

C'est comme au restaurant : quand vous commandez vous êtes dans l'action, et pendant que vous attendez que votre repas arrive vous êtes en réception. Vous avez la certitude que ça s'en vient. Vous avez foi en le cuisinier. C'est la même chose avec l'Univers. Si vous changez de commande aux deux minutes, personne ne pourra savoir ce que vous voulez vraiment. Si vous ajoutez quelque chose de nouveau à votre commande à toutes les cinq minutes, vous ne serez pas prêt à la recevoir et personne ne pourra conspirer pour vous l'envoyer.

De plus, imaginez ce qui suit. Être en réception, c'est comme lorsque vous étiez petit et que vous attendiez le père Noël avec impatience. Vous aviez passé votre commande et vous étiez certain qu'il allait vous l'offrir. Vous étiez dans la foi, la confiance, la certitude absolue. C'est exactement comment fonctionne l'Univers. Vous avez donc à faire comme si ce que vous avez demandé était déjà arrivé et le vibrer dans toutes vos cellules. Vibrez la hâte, l'excitation et la joie dans chacune de vos cellules comme si la commande était sur le point d'arriver. Puis, soyez en position de réception pour être prêt à la recevoir et dans un état de gratitude pour l'avoir déjà reçue. Voilà pourquoi vous avez à maintenir l'équilibre et l'harmonie entre l'action *versus* la réception.

De même, quand vous cocréez avec l'Univers, vous travaillez deux fois moins fort. Vous avez confiance en vous. Vous avancez avec beaucoup plus de grâce et de facilité, un pas à la fois. Vous savez que le chemin se dessinera au fur et à mesure. Vous êtes dans la certitude absolue que l'Univers vous soutiendra et répondra à tous vos besoins au fur et à mesure. Votre chemin est donc beaucoup plus léger et fluide.

Vous êtes détaché des résultats, car vous savez que l'Univers met en place les conditions idéales pour que tout se manifeste au bon moment pour vous, pour les autres comme pour l'humanité. Pendant que l'Univers travaille, vous portez toute votre attention sur vos objectifs, vos intentions, les opportunités qui se présentent. Vous êtes en position pour la réception.

Plus vous vibrez un état d'abondance, plus c'est ce que vous attirez puisque votre mindset, vos décisions ainsi que vos actions sont bien différents en comparaison à ceux vécus dans un état de manque. Rappelez-vous la réaction en chaîne du chapitre 6.

Vous êtes maintenant en mesure de reconnaître votre valeur. Vous savez que vous devez d'abord investir en vous avant de voir des changements dans la matière. Vous avez décidé de jouer grand et de réaliser votre mission de vie dans sa plus grande expression. Le message que vous envoyez à l'Univers est donc de haut niveau vibratoire. Vous avez confiance qu'il conspirera à la même hauteur que vous. Comme l'Univers est généreux, quand vous faites un pas, il vous en fait faire deux pour vous encourager dans la même voie. Rappelez-vous que, lorsque vous êtes *100 % Aligné 100 % Assumé*, l'Univers vous propulse encore plus loin dans votre mission, sans même que vous ayez plus d'efforts à produire.

À l'inverse, quand vous croyez être seul à bord, vous n'êtes que dans le Faire. Vous fonctionnez seulement avec ce que vous croyez être la réalité terrestre. Vous devenez au service de votre mental et du Faire au lieu de mettre ces derniers à votre service. Vous manquez des opportunités incroyables. Par manque de confiance, vous vous faites continuellement des plans, mais rien ne fonctionnera comme vous le souhaitez. Vous êtes tellement attaché aux résultats que vous devenez le principal obstacle de votre propre chemin. Par peur et par insécurité, vous vous créez continuellement des scénarios du pire qui pourrait arriver, ce qui vous propulse dans un mindset et un taux vibratoire de manque. Plus vous vibrerez le manque, plus vous risquez d'en attirer puisque c'est le message que vous envoyez à l'Univers.

Enfin, c'est très insécurisant de ne compter que sur soi-même, surtout si vous êtes en affaires, car rapidement votre entreprise peut devenir plus grande que vous et que vos seules capacités. Vient un moment où vous ne pouvez plus tout orchestrer seul, vous pouvez facilement crouler sous les tâches et les responsabilités qui viennent avec. Dans ce contexte, il vous sera bien difficile de passer au prochain niveau d'expansion, de revenu ou de chiffre d'affaires.

En résumé, quand vous pensez être le créateur ou le générateur à l'origine de tout, vous devez tout faire. Conséquemment, vous êtes à risque de vous épuiser. Si tel est le cas, vous n'avez donc plus de temps, d'énergie, ni d'entrées d'Argent. À l'opposé, quand vous vous voyez comme une contribution, vous entrez automatiquement en cocréation avec l'Univers. Vous devenez un canal et vous pouvez créer tout ce que vous voulez parce que vous êtes en cocréation avec l'Univers. Pour se rendre à vous, l'Univers empruntera alors les différents canaux d'abondance qui sont disponibles.

Pour conclure ce chapitre, votre relation avec l'Argent révèle exactement où vous en êtes par rapport à votre contribution puisque c'est effectivement dans la matière que vous contribuez. Plus vous avez de l'Argent, plus vous contribuez d'une façon ou d'une autre. Cependant, c'est votre relation avec l'Argent qui révèle de quelle façon vous apportez cette contribution, en tenant compte de vos intentions, vos visions, vos valeurs et vos dons, de même que votre mission, votre niveau de conscience, votre niveau d'incarnation ainsi que votre relation avec l'Univers. Vous ne pouvez donc pas contribuer au-delà même de ce que votre relation avec l'Argent peut vous le permettre. Vous devez continuellement amener votre relation avec l'Argent et votre contribution au prochain niveau d'expansion, et ce, jusqu'à ce que vous accédiez autant à votre plus grande contribution qu'à la liberté financière.

CHAPITRE 8

COMMENT ACCÉDER À LA LIBERTÉ FINANCIÈRE

« Si vous ne gagnez pas d'Argent pendant que vous dormez, vous allez travailler jusqu'à la fin de votre vie. »

WARREN BUFFET

Maintenant que vous connaissez votre relation avec l'Argent sous toutes ses coutures, c'est le moment d'élargir vos horizons sur toutes les possibilités qui s'offrent à vous financièrement. Par la suite, pour avoir des conseils personnalisés à votre situation, vous aurez besoin de faire appel à des experts et professionnels en la matière. Dans le présent chapitre, vous découvrirez donc tout l'Univers de la dépendance, l'indépendance et la liberté financières.

La dépendance financière

La dépendance financière stipule que vous dépendez tant d'un employeur que d'un salaire pour subvenir à vos besoins et payer vos factures. Ainsi, vous échangez votre temps contre de l'Argent. C'est comme si vous n'aviez qu'un seul client et que vous lui vendiez tout votre temps contre une certaine somme d'Argent. Toutefois, le prix à payer de la dépendance financière peut être gros. En effet, avec celle-ci s'accompagne généralement le métro-boulot-dodo[64] ou la *Rat Race.* Cette expression anglophone a été popularisée par Robert Kiyosaki, auteur du best-seller *Père riche, père pauvre* et va comme suit :

> « La *Rat Race* symbolise la course de l'homme moderne après le temps, un meilleur salaire, un meilleur statut social, pour au final consommer afin de compenser le vide existentiel qui subsiste. Cette notion est souvent opposée à celle de liberté financière[65]. »

Ainsi, à l'image des rats, les personnes salariées tournent continuellement dans une roue en allant nulle part. Elles ne travaillent que pour gagner leur vie et payer leurs comptes. Elles ne s'épanouissent pas nécessairement au travail. Elles recommencent ainsi jour après jour, vivant le métro-boulot-dodo continuellement, voire jusqu'à leur retraite pour la majorité d'entre elles. Voici donc la première chose que vous devez savoir si vous voulez vraiment accéder à la liberté financière : vous devez trouver une façon pour réussir à quitter la *Rat Race.*

L'indépendance financière

Bien que certains associent l'indépendance à la liberté financière, ces deux réalités sont, à mon avis, bien différentes. L'indépendance signifie que vous ne dépendez pas d'un salaire ni d'un employeur pour vivre, comme c'est le cas si vous êtes à votre compte, donc votre propre employeur. Étant donné que vous générez vos propres revenus, vous pouvez travailler quand, où

---

64 https://fr.wikipedia.org/wiki/Métro,_boulot,_dodo

65 Kiyosaki, Robert. *Père riche, père pauvre*, Un monde différent, 2014, 240 pages.

et comme vous le désirez, vous êtes donc indépendant financièrement. Cependant, comme vous n'êtes pas en mesure d'arrêter de travailler, vous n'êtes pas libre financièrement. Votre indépendance financière est donc limitée à vos revenus actifs, c'est-à-dire aux revenus que vous gagnez en échangeant votre temps.

La liberté financière

Selon Robert Kiyosaki, « la liberté financière consiste à faire travailler votre Argent pour vous et non travailler pour de l'Argent[66] ». Vous avez donc des revenus passifs, ce qui vous permet de ne plus échanger votre temps contre de l'Argent. Lorsque ceux-ci deviennent supérieurs à vos dépenses, vous sortez enfin du métro-boulot-dodo et de la *Rat Race* pour entrer dans la liberté financière. Ainsi, vous n'avez plus besoin de travailler pour vivre. Votre Argent travaille pour vous et non l'inverse. Vous faites de l'Argent 24 heures sur 24, 7 jours sur 7, peu importe que vous dormiez, voyagiez, etc.

Vous avez donc la liberté de faire ce que vous voulez quand vous le voulez, comme vous le voulez sans que l'Argent soit une préoccupation. Vous n'avez plus d'obligations financières. Vous êtes autant maître de votre temps que libre financièrement. Vous pouvez donc choisir la vie que vous désirez vivre et réaliser tous vos rêves.

De plus, j'aime particulièrement la vision de la liberté financière de Max Piccinini[67], entrepreneur, coach et expert en stratégies de réussite. Il présente la liberté financière comme un trio dans lequel vous avez l'Argent, le temps et l'énergie pour faire ce que vous voulez, comme vous le voulez pendant longtemps. À l'inverse, si vous avez le temps mais pas l'Argent ni

---

66 Kiyosaki, Robert. *Père riche, père pauvre*, *Ibid.*

67 https://www.maxpiccinini.com/quest-liberte-financiere-latteindre/

l'énergie, ou si vous avez l'Argent mais pas le temps ni l'énergie, ou encore si vous avez l'énergie, mais que vous n'avez ni Argent ni temps, peu importe la situation, vous n'êtes pas libre.

Être millionnaire

Que vous visiez l'indépendance ou la liberté financière, cela n'a rien à voir avec le fait d'être millionnaire ou non. En effet, être millionnaire signifie tout simplement que vous avez un patrimoine équivalent ou supérieur à un million d'une unité monétaire donnée, par exemple un million de dollars[68].

Certaines personnes sont donc millionnaires sans être indépendantes ou libres financièrement. En fait, tant que vous êtes dans l'obligation de travailler, vous n'avez pas atteint la liberté financière, peu importe le nombre de millions dans votre compte bancaire. Par exemple, vous êtes vice-président d'une grande organisation ou président de votre entreprise, dans un cas comme dans l'autre vous devez travailler pour subvenir à vos besoins. Le but ultime n'est donc pas d'être millionnaire, mais de vous dégager tout le temps nécessaire pour faire ce que vous voulez, parce que le temps est l'une des plus grandes richesses qui ne s'achètera jamais.

La richesse

Tout comme la liberté financière, la richesse peut être vue seulement sous l'angle financier. Dans ce sens, Robert Kiyosaki[69] définit la richesse comme étant la durée pendant laquelle vous pouvez vivre si vous arrêtez de travailler et, par le fait même, la durée pendant laquelle vous pouvez profiter de la vie. La

---

68 https://fr.wikipedia.org/wiki/Millionnaire

69 Kiyosaki, Robert. *Père riche, père pauvre, Ibid.*

richesse est donc beaucoup plus qu'un simple montant d'Argent. Elle fait référence au temps et non à l'Argent.

La richesse n'oblige donc pas d'être riche ou millionnaire. En fait, vous pouvez atteindre la liberté financière sans être riche[70]. Tout est en lien avec votre style de vie. Un style de vie minimaliste vous permettra d'atteindre la liberté financière beaucoup plus rapidement qu'un style de vie luxueux.

D'ailleurs, je partage ici avec vous une petite histoire de source inconnue, celle du pêcheur mexicain et du financier américain. Peut-être l'avez-vous déjà entendue ? Vous verrez à quel point ce n'est pas le fait d'être millionnaire ou riche qui détermine si vous avez atteint ou non la liberté financière, mais bien le style de vie que vous voulez avoir et la vie que vous désirez vivre. La voici :

> Au bord de l'eau dans un petit village côtier mexicain, un bateau rentre au port, ramenant plusieurs thons. L'Américain complimente le pêcheur mexicain sur la qualité de ses poissons et lui demande combien de temps il lui a fallu pour les capturer :
>
> « Pas très longtemps », répond le Mexicain.
>
> « Mais alors, pourquoi n'êtes-vous pas resté en mer plus longtemps pour en attraper plus ? », demande l'Américain.
>
> Le Mexicain répond que ces quelques poissons suffiront à subvenir aux besoins de sa famille. L'Américain demande ensuite :
>
> « Mais que faites-vous le reste du temps ? »
>
> « Je fais la grasse matinée, je pêche un peu, je joue avec mes enfants, je fais la sieste avec ma femme. Le soir, je vais

---

70 http://www.commentdevenir-riche.com/cest-quoi-la-liberte-financiere

au village voir mes amis. Nous buvons du vin et jouons de la guitare. J'ai une vie bien remplie. »

L'Américain l'interrompt :

« J'ai un MBA de l'université Harvard et je peux vous aider. Vous devriez commencer par pêcher plus longtemps. Avec les bénéfices dégagés, vous pourriez acheter un plus gros bateau. Avec l'argent que vous rapporterait ce bateau, vous pourriez en acheter un deuxième et ainsi de suite jusqu'à ce que vous possédiez une flotte de chalutiers. Au lieu de vendre vos poissons à un intermédiaire, vous pourriez négocier directement avec l'usine, et même ouvrir votre propre usine. Vous pourriez alors quitter votre petit village pour Mexico City, Los Angeles, puis peut-être New York, d'où vous dirigeriez toutes vos affaires. »

Le Mexicain demande alors :

« Combien de temps cela prendrait-il ? »

« 15 à 20 ans », répond le banquier américain.

« Et après ? »

« Après, c'est là que ça devient intéressant », répond l'Américain en riant.

« Quand le moment sera venu, vous pourrez introduire votre société en Bourse et vous gagnerez des millions. »

« Des millions ? Mais après ? »

« Après, vous pourrez prendre votre retraite, habiter dans un petit village côtier, faire la grasse matinée, jouer avec vos petits-enfants, pêcher un peu, faire la sieste avec votre femme et passer vos soirées à boire et à jouer de la guitare avec vos amis. »

Les différences entre les riches et les pauvres

Même si vous n'avez pas nécessairement à être riche ou millionnaire pour atteindre la liberté financière, nous sommes à une époque où la majorité des gens ont un train de vie luxueux et veulent le conserver pour le reste de leur vie. Être riche ou, du moins, avoir beaucoup d'Argent, sera probablement la réalité pour une grande majorité de personnes. Vous devez donc savoir ce qui caractérise les riches et les pauvres. Attention, l'appellation riche ou pauvre se veut sans jugement, mais plutôt une façon simple de présenter les deux extrêmes que l'on peut retrouver dans la société.

En effet, il existe plusieurs différences entre les riches et les pauvres. Selon Robert Kiyosaki[71], elles proviennent, entre autres, du fait que ce n'est pas à l'école qu'on apprend ce que c'est *faire de l'Argent* ou *Être riche.* Le système scolaire actuel nous apprend davantage à devenir le parfait employé. Ainsi, ceux qui accèdent à la liberté financière ont investi dans leur éducation financière. Et en général, les pauvres ont principalement peur de manquer d'Argent alors que les riches ont peur d'en perdre.

De plus, T.Harv Eker a identifié 17 principes qui différencient les riches des pauvres. Ils sont expliqués en détail dans son livre *Les secrets d'un esprit millionnaire*[72], mais les voici :

1. Les riches croient à « Je crée ma vie ». Les pauvres croient à « Je subis ma vie ».
2. Les riches jouent le jeu de l'Argent pour gagner. Les pauvres jouent le jeu de l'Argent pour ne pas perdre.
3. Les riches se sont engagés à être riches. Les pauvres veulent être riches.

---

71 Kiyosaki, Robert. *Père riche, père pauvre, Ibid.*

72 Eker, T.Harv. *Secrets of the Millionnaire Mind*, Harper Business, 2005, 224 pages.

4. Les gens riches voient les choses en grand. Les pauvres voient les choses en petit.
5. Les riches se concentrent sur les occasions. Les pauvres se concentrent sur les obstacles.
6. Les riches admirent les autres riches et ceux qui réussissent. Les pauvres en veulent aux riches et aux gens qui réussissent.
7. Les riches s'associent à des gens positifs qui réussissent. Les pauvres s'associent aux gens négatifs qui ne réussissent pas.
8. Les riches sont prêts à se promouvoir, eux et leur valeur. Les pauvres voient la vente et la promotion d'un mauvais œil.
9. Les riches sont plus grands que leurs problèmes. Les pauvres sont plus petits que leurs problèmes.
10. Les riches savent très bien recevoir. Les pauvres savent très mal recevoir.
11. Les riches choisissent de se faire rémunérer en fonction de leurs résultats. Les pauvres choisissent de se faire rémunérer en fonction du temps.
12. Les riches pensent selon « les deux ». Les pauvres pensent selon « l'un ou l'autre ».
13. Les riches se concentrent sur leur valeur nette. Les pauvres se concentrent sur leur revenu gagné.
14. Les riches gèrent bien leur argent. Les pauvres gèrent bien mal leur argent.
15. Les riches font travailler dur leur Argent pour eux. Les pauvres travaillent dur pour leur Argent.
16. Les riches agissent en dépit de la peur. Les pauvres laissent la peur les arrêter.
17. Les riches apprennent et grandissent sans cesse. Les pauvres croient déjà savoir.

Maintenant que vous avez une meilleure idée de ce qui caractérise les riches des pauvres, identifiez les caractéristiques des riches que vous possédez déjà et celles qui sont moins gagnantes pour vous que vous avez à changer. Puis, observez vos croyances, vos pensées, vos émotions, votre mindset, vos décisions, vos comportements et vos actions, bref, regardez la réaction en chaîne se dérouler, tel qu'on a vu au chapitre 6. Et assurez-vous de cultiver de plus en plus, à chaque jour, tout ce qui caractérise les riches.

Dépense et investissement versus besoin et désir versus actif et passif

Une dépense ne prend pas de valeur et n'apporte pas de bien-être, d'utilité, de sens, de joie, etc. Elle ne répond pas vraiment à l'un des besoins de la pyramide de Maslow[73], que ce soit un besoin physiologique, de sécurité, d'appartenance, d'estime ou d'accomplissement. Au contraire, une dépense répond généralement à un désir. Ce sont d'ailleurs les désirs qui mènent à la surconsommation. Cette dernière étant la solution pratique pour combler nos besoins par toutes sortes de moyens externes comme le sucre, le café, l'alcool, etc., au lieu de répondre sainement à nos besoins d'amour, de sécurité, de reconnaissance et autres. C'est seulement lorsque vos besoins sont véritablement répondus de l'intérieur que vous expérimentez un état d'abondance et de plénitude sous toutes ses formes.

De plus, les dépenses sont considérées comme des passifs tout comme les emprunts, les prêts et les cartes de crédit. Ces passifs perdent de la valeur avec le temps comparativement aux actifs qui, eux, génèrent des revenus et/ou prennent de la

---

73 https://fr.wikipedia.org/wiki/Pyramide_des_besoins

valeur. Les passifs vous font donc perdre de l'Argent alors que les actifs vous en font gagner.

Malgré la croyance populaire, la maison est considérée comme un passif selon Robert Kiyosaki[74] puisqu'elle génère davantage de dépenses. En effet, vous devez compter les taxes, les coûts d'entretien, les intérêts que vous donnez à la banque à tous les mois. De plus, elle peut se déprécier selon le marché ou diminuer de valeur si vous l'avez achetée à un moment où le marché était à son maximum. Vous aurez donc à travailler toute votre vie pour la payer et comme peu de gens vont réellement garder la même maison assez longtemps, voire pendant au moins pendant 30 ans, il devient donc très difficile de la rentabiliser. La maison est donc rarement un investissement, à moins que vous soyez en mesure de générer les fonds passivement pour qu'elle se paie par elle-même.

Quant à l'investissement, celui-ci est un actif puisqu'il crée de la valeur dans un premier temps, puis prend de la valeur avec le temps. À plus long terme, il apporte du bien-être et de la joie en plus d'être utile et de faire du sens. Il répond tout à fait à l'un des besoins de la pyramide de Maslow[75]. Il permet également de se réaliser davantage et de devenir toujours une meilleure version de soi-même.

Revenus actif et passif

Un revenu passif est un revenu généré par un actif, par exemple des actions à la Bourse, des biens immobiliers, une entreprise dont vous êtes le propriétaire mais qui ne vous oblige pas à être présent pour avoir des revenus, qu'elle soit en ligne ou non. Les revenus passifs sont en lien avec la valeur du

---

74 Kiyosaki, Robert. *Père riche, père pauvre, Ibid.*

75 https://fr.wikipedia.org/wiki/Pyramide_des_besoins

produit et non avec le temps investi. Vous n'échangez donc pas de temps pour obtenir des revenus passifs.

À l'inverse, un revenu actif correspond à un salaire pour lequel vous êtes donc activement impliqué et que vous échangez votre temps contre de l'Argent. Le salaire est une solution à court terme pour avoir de l'Argent. Cependant, comme le fait de gagner toujours plus d'Argent est une réalité à long terme, seuls les actifs peuvent le résoudre. C'est d'ailleurs ce qui explique pourquoi les riches deviennent, avec le temps, encore plus riches et que l'écart se creuse avec les pauvres. Comme les riches investissent continuellement, ils ont donc de plus en plus d'actifs qui leur rapportent de plus en plus de revenus passifs. Ils créent ainsi leur propre richesse.

Pour accéder à la liberté financière, vous devez tout d'abord avoir plus de revenus que de dépenses et, surtout, générer plus de revenus passifs que ce que vous avez besoin pour vivre. Pour y arriver, il s'agit d'abord d'investir dans des actifs pour ensuite pouvoir augmenter de plus en plus le pourcentage de vos revenus passifs jusqu'à ce que ces derniers atteignent 100 % de vos revenus, tout en maintenant vos dépenses au minimum. Vous devez donc apprendre à faire travailler l'Argent pour vous et non l'inverse. Robert Kiyosaki, dans son livre *Le Quadrant du Cashflow*[76], explique clairement comment faire travailler l'Argent pour vous avec son fameux quadrant.

À gauche du quadrant, que vous soyez un employé ou un travailleur autonome, vous travaillez pour l'Argent puisque vous échangez votre temps contre de l'Argent. Vous devrez ainsi toujours travailler, à moins que vous soyez en mesure de basculer à droite du quadrant et que les autres travaillent pour vous. C'est le cas, par exemple, si vous avez une grande entreprise

76 Kiyosaki, Robert. *Le Quadrant du Cashflow*, Un monde différent, 2014, 352 pages.

qui génère assez de revenus sans que vous soyez obligé d'y travailler ou encore si vous investissez de l'Argent. C'est donc en devenant entrepreneur ou investisseur que l'Argent travaillera pour vous. Concrètement, pour quitter la *Rat Race* et accéder à la liberté financière, vous avez à passer d'un extrême à un autre du quadrant. Malheureusement, la majorité des gens vont passer toute leur vie à gauche de ce quadrant.

Pour terminer, non seulement vous devez transformer votre relation avec l'Argent pour accéder à la liberté financière, mais vous devez également vous éduquer financièrement. Vous devez comprendre concrètement comment fonctionne l'Argent et apprendre comment le faire fructifier. Ce n'est donc pas une solution à court terme pour avoir de l'Argent. En fait, tout vous demandera un investissement en temps, en énergie et en Argent, que ce soit pour vous éduquer, générer des actifs, tout comme pour passer de gauche à droite du *quadrant du cashflow* et accéder à la liberté financière.

CHAPITRE 9

LES 21 RÈGLES D'OR POUR ACCÉDER À LA LIBERTÉ FINANCIÈRE ET AVOIR UNE VIE RICHE DE SENS

« La liberté financière est offerte à ceux qui l'apprennent et qui travaillent pour elle. »

ROBERT KIYOSAKI

Pour accéder à la liberté financière et avoir une vie riche de sens, il ne s'agit pas de travailler plus pour faire plus d'Argent, mais plutôt de mieux travailler et, surtout, de travailler plus intelligemment. Vous devez donc apprendre à faire travailler l'Argent pour vous et non l'inverse. Pour y arriver, voici les 21 règles d'or pour accéder à la liberté financière et avoir une vie riche de sens. Veuillez noter que ces 21 règles sont toutes importantes, cependant, il n'y a pas d'ordre particulier à respecter pour les mettre en pratique dans votre quotidien. Plus vous en intégrez, plus vous vous rapprochez de la liberté financière.

Pourquoi 21 vous demanderez-vous ? Pour plusieurs raisons. Tout d'abord parce que nous sommes en 2021 et que c'est une année charnière au niveau planétaire. Considérant la pandémie de 2020 et toutes les répercussions qu'elle a eues dans toutes les sphères de nos vies, nous avons eu à nous adapter et à nous réinventer à la vitesse de la lumière. L'année 2021 est donc le fruit de cette transformation autant imposée qu'accélérée.

Ensuite parce que 2 + 1 = 3. Et 3 pour les 3 dimensions, soit de l'Être, du Faire et de l'Avoir. Ces 21 règles regroupent donc ces 3 dimensions et forment un tout. Enfin parce que, selon la numérologie, le 21 symbolise autant le succès que l'épanouissement, donc gagner plus d'Argent et avoir une vie riche de sens. Voici ce que le 21 signifie :

> « Le nombre 21 est le nombre de la protection quasi divine, il est une indication de chance, de protection, de réussite et d'inspiration créatrice. Ce nombre est aussi l'expression de l'équilibre et de l'harmonie. C'est un nombre qui favorise les succès, le triomphe, l'épanouissement. Le 21 pousse généralement à vouloir s'élever au plus haut, et à rechercher une certaine plénitude[77]. »

Voici donc les 21 règles d'or pour accéder à la liberté financière et avoir une vie riche de sens :

Règle d'or nº 1 : Investissez en vous !
Règle d'or nº 2 : Lâchez les excuses !
Règle d'or nº 3 : Arrêtez d'attendre la pilule magique !
Règle d'or nº 4 : Honorez votre puissance !
Règle d'or nº 5 : Prenez des risques !
Règle d'or nº 6 : Libérez-vous de l'insécurité financière !
Règle d'or nº 7 : Démarquez-vous !
Règle d'or nº 8 : Oubliez la perfection !

---

77 https://www.01numerologie.com/signification-du-nombre-21-1370

Règle d'or nº 9 : Embrassez l'envers de la médaille !
Règle d'or nº 10 : Sachez bien vous entourer !
Règle d'or nº 11 : Changez vos croyances !
Règle d'or nº 12 : Éduquez-vous financièrement !
Règle d'or nº 13 : Augmentez et créez de la valeur !
Règle d'or nº 14 : Ayez une vision claire !
Règle d'or nº 15 : Épargnez !
Règle d'or nº 16 : Payez-vous en premier !
Règle d'or nº 17 : Diversifiez vos sources de revenus !
Règle d'or nº 18 : Incarnez vos Archétypes Financiers !
Règle d'or nº 19 : Aimez l'Argent !
Règle d'or nº 20 : Célébrez et remerciez !
Règle d'or nº 21 : Apportez votre contribution !

Règle d'or nº 1 : Investissez en vous !

Le plus grand investissement que vous pouvez faire, c'est d'investir en vous. En fait, plus vous investissez en vous, plus vous augmentez votre valeur. C'est d'ailleurs ce qu'a fait Warren Buffet, 90 ans, qui figure parmi les hommes les plus riches du monde avec une fortune estimée à 79,1 milliards de dollars américains selon le magazine Forbes[78]. Il aurait d'ailleurs répondu à un journaliste que l'entreprise la plus importante et rentable sur laquelle il a pu investir est tout simplement lui-même[79].

---

78 https://www.forbes.fr/classements/fortunes/comment-le-rebond-de-wall-street-profite-aux-milliardaires/

79 https://www.emiracle.eu/6-citations-sur-l-argent-de-warren-buffet/

Bien souvent, quand vient le temps d'investir, le problème se situe davantage au niveau du retour sur l'investissement. Comment vous assurer que votre investissement soit rentable avant même d'avoir fait l'investissement ? Voilà la question… Si vous investissez à la Bourse, il est effectivement normal d'avoir ces préoccupations puisque vous n'avez aucun contrôle sur la situation. C'est votre connaissance et votre expertise dans ce domaine, tout comme votre tolérance au risque et la rentabilité des entreprises qui détermineront dans quelles entreprises vous investirez. À cet effet, Warren Buffet a fait sa fortune seulement en investissant dans les entreprises considérées les plus rentables[80].

Cependant, si vous investissez sur vous, vous assurer de rentabiliser votre investissement avant même d'avoir investi ne devrait même pas effleurer votre esprit. Puisque vous avez pleinement le contrôle sur vous, vous avez davantage de contrôle sur les résultats que vous pouvez obtenir. Comparativement à la Bourse, où vous regardez le match comme à la télévision, en investissant en vous, vous êtes la vedette du match. Vous avez plein contrôle sur vos moyens. Tout est alors une question de vision, de confiance en vous et de mindset.

Vous ne pouvez jamais être perdant d'investir en vous. Si en plus, vous investissez dans ce que vous aimez le plus, par exemple l'une de vos passions, vous investissez dans une valeur sûre.

Pour ce qui est de la hauteur financière de l'investissement que vous ferez, celui-ci sera en fonction de votre propre valeur perçue, de votre niveau de confiance en vous ainsi que selon l'urgence que vous ressentez à atteindre votre objectif rapidement.

---

80 *Ibid.*

Ainsi, plus vous croyez en vous et en vos capacités à atteindre vos objectifs, plus vous serez déterminé et prêt à investir autant en Argent, en temps qu'en énergie pour y arriver. De plus, gardez en tête que vous investirez toujours plus de temps et d'énergie que ce que vous avez investi financièrement. Vous devez être prêt à tout et, surtout, à vivre la transformation nécessaire pour atteindre vos objectifs. Parce oui, vous avez à vous transformer avant de vous rentabiliser !

Par exemple, je ne compte plus les investissements que j'ai faits au cours des dernières années. Ceux-ci se chiffrent en dizaines de milliers de dollars annuellement. Encore aujourd'hui, j'investis continuellement en moi et en mon entreprise afin de constamment passer au prochain niveau d'expansion, poursuivre mon ascension dans la spirale d'évolution jusqu'à ce que j'accède à la liberté financière. Cependant, ce que je sais, c'est qu'à toutes les fois que j'ai investi, j'ai toujours rentabilisé mon investissement de différentes façons. C'est ce qui m'a d'ailleurs permis de devenir la meilleure version de moi-même et de changer de vie complètement.

SI VOUS AVEZ PEUR D'INVESTIR…

Vous tournerez en rond, vous ferez du surplace, vous ne serez pas en mesure de vous décider, vous hésiterez et si vous vous décidez, il sera probablement trop tard. Vous passerez donc à côté de plein d'opportunités. C'est comme si vous aviez un pied sur la pédale de frein et l'autre sur celle de l'accélérateur. C'est comme si vous disiez oui et non en même temps. Imaginez la réponse de l'Univers à vos vibrations… Que voulez-vous vraiment ?

Habituellement, cette situation arrive quand vous voulez vraiment quelque chose mais qu'en même temps une partie de vous y résiste, comme s'il y avait un danger. Celle-ci veut vous protéger. Par exemple, vous voulez des clients sans être visible, car le fait d'être exposé publiquement vous met à risque d'être encore une fois abandonné, rejeté, humilié, etc. Vous pouvez aussi vouloir ladite chose, mais pas tout ce qui vient avec. Par exemple, vous voulez atteindre les six chiffres, mais vous êtes déjà débordé, c'est donc impossible d'y arriver à vos yeux.

Bref, votre tête veut avancer, votre inconscient vous freine et vous empêche d'y aller. Pour atteindre vos objectifs, vous avez donc à retourner dans vos croyances afin d'identifier ce qui bloque pour ensuite changer vos croyances et votre mindset. Vous avez aussi à assumer tout ce qui vient avec le succès et embrasser l'envers de la médaille.

SI VOUS VOYEZ VOTRE INVESTISSEMENT COMME UNE DÉPENSE…

Et que vous avez peur de ne pas le rentabiliser, alors vous êtes assuré de ne pas y arriver. De plus, parce que vous aurez l'impression de « faire un trou » dans votre budget, vous voudrez le rentabiliser « pour hier ». Vous basculerez dans un état vibratoire de contraction et un mindset de manque, lesquels vous suivront tout au long de votre transformation. Ainsi, non seulement ils ralentiront votre transformation mais ils auront un impact négatif sur vos résultats et les retarderont.

Enfin, contrairement à une dépense qui répond à un désir à court terme, un investissement répond toujours à un besoin à long terme. Vous semez donc des graines pour récolter plus et mieux plus tard. Vous ne pouvez jamais savoir d'avance les résultats que vous obtiendrez.

Pensez au jardinier, il ne peut jamais savoir à l'avance exactement quand ni comment seront ses récoltes. Chaque jour, il prend soin de ses semences avec amour. Il avance dans la foi et la gratitude pour l'abondance à venir. C'est la même chose pour vous. Vous devez avancer avec la foi du jardinier. Vous avez à faire confiance à l'Univers. Vous ne pouvez pas déterrer les graines à tous les jours pour voir si ça avance, ni tirer sur les racines pour que ça pousse plus vite. Vous ne feriez que retarder le processus de création.

Investir en vous est donc un acte de foi en vous et en l'Univers. C'est également la plus belle preuve d'amour que vous pouvez vous offrir. C'est également le plus beau legs que vous pouvez faire à vos enfants puisqu'ils bénéficieront autant du modèle que vous serez pour eux que des résultats que vous obtiendrez. C'est du gagnant-gagnant pour toutes les générations ici!

Par exemple, le 4 janvier 2019, je me suis faite faire l'abdominoplastie. Après avoir maigri et retrouvé un poids aligné avec moi, je souhaitais retrouver mon ventre et ma féminité. J'avais l'impression de porter le costume de l'ancienne version de moi-même. C'était donc essentiel dans mon processus pour Être *100 % Alignée 100 % Assumée.*

Par contre, au départ, mon Accumulatrice trouvait qu'investir autant d'Argent sur mon corps, on parle de plus de 10 000 $ ici, était une folie, que c'était superficiel, voire même de l'ego pur. Elle se disait que tout cet Argent aurait pu servir aux enfants ou à ma retraite. Pendant les mois qui ont précédé ma chirurgie, j'ai donc vécu plusieurs combats intérieurs avec moi-même. Mon Accumulatrice ne voyait que la dépense alors que ma Romantique clamait haut et fort qu'elle le méritait amplement.

Le matin de la chirurgie, c'était clair pour moi. Ce n'était plus le jour de ma chirurgie, mais bien le jour de ma renaissance tout comme le jour de ma récompense pour la transformation vécue. Mon mindset a fait toute la différence. Je me rappelle d'ailleurs l'émotion dans laquelle j'étais en entrant dans la salle d'opération. C'était comme si je m'en allais recevoir ma médaille d'or aux Olympiques. Je me sentais victorieuse, fière, dans la joie d'avoir réussi cet accomplissement tout comme dans la gratitude pour ce cadeau de l'Univers. Non seulement la chirurgie s'est très bien passée, mais en une semaine j'étais sur pied et, à la fin du mois, je faisais mon plus gros mois à vie à ce moment avec 50 000 $ de ventes! La somme investie pour ma chirurgie a rapidement été remboursée avec joie, reconnaissance et gratitude.

Enfin, si vous ne considérez que la rentabilité financière, celle-ci n'arrivera qu'à moyen ou long terme. Rappelez-vous que vous devez d'abord vous transformer avant de vous rentabiliser. Cela vous demandera d'investir du temps et de l'énergie en plus de l'Argent.

De plus, vous rentabilisez votre investissement à court terme en mettant tout en œuvre au quotidien pour atteindre vos objectifs, en gardant votre focus sur votre grande vision et votre mission, en étant déterminé et discipliné jour après jour, en ayant le courage de sortir de votre zone de confort et de faire des actions différentes tout comme en gardant la foi que l'Univers conspirera à la hauteur de vos investissements. C'est ainsi que vous deviendrez qui vous devez Être pour attirer le revenu ou le chiffre d'affaires que vous désirez et rentabiliser éventuellement votre investissement.

Vous avez donc à vous poser la fameuse question: «Qui je dois Être pour attirer et manifester ______ $ par année?» Tout comme vous posez également celle-ci: «Combien suis-je prêt à investir pour atteindre les résultats que je veux? les revenus ou le chiffre d'affaires que je souhaite? C'est à partir de vos réponses que vous serez en mesure d'investir en vous pour y arriver.

Bien entendu, au début, vous risquez d'investir davantage que ce que vous obtiendrez comme résultats, tout dépendamment d'où vous partez, de la transformation que vous aurez à faire et de la hauteur des résultats que vous voulez obtenir. C'est plutôt une série d'investissements qui vous apporteront une série de petits résultats. Avec le temps, vous obtiendrez une série de résultats toujours de plus en plus grands. Par la suite, vous serez en mesure d'estimer davantage les résultats possibles selon l'investissement que vous ferez. Vous pouvez poursuivre d'investissement en investissement, de résultats en résultats jusqu'à l'atteinte de la liberté financière. Gardez toutefois en tête qu'il n'existe jamais de garantie de résultats, cependant, vous aurez toujours une garantie de progression, voire d'amélioration et d'expansion.

Règle d'or n° 2 : Lâchez les excuses !

Tant que vous considérerez toute forme d'investissement comme une dépense, vous ne serez pas en mesure d'investir en vous. Vous vous trouverez mille et une excuses alors qu'il n'y a aucune bonne excuse de ne pas investir en vous. Tout est dans votre propre perception. Par exemple…

SI VOUS PENSEZ NE PAS AVOIR D'ARGENT…

Ce n'est donc pas une priorité pour vous d'atteindre vos objectifs. Pourquoi ? Parce que quand vous voulez vraiment quelque chose, vous mettrez tout en œuvre pour l'avoir. Ainsi, si vous êtes prêt pour la transformation proposée, vous trouverez assurément l'Argent pour la vivre. Par exemple, une cliente me disait que sa carte de crédit était pleine et voulait poursuivre le coaching avec moi. Elle cherchait désespérément une solution. Elle a passé un accord avec elle-même en se disant que, si sa demande d'augmentation de limite de crédit passait, elle disait oui au coaching. Trois minutes après avoir fait sa demande en ligne, elle me contactait pour me dire que sa demande était déjà acceptée et que c'était un grand oui pour poursuivre le coaching.

SI VOUS PRENEZ DÉJÀ UNE FORMATION...

C'est parfait! Continuez ainsi! Vous avez besoin de toujours aller chercher de nouvelles connaissances comme celle d'ajouter de nouvelles cordes à votre arc. C'est ce qui vous permettra d'être encore plus expert dans ce que vous excellez déjà. Vous augmenterez ainsi votre valeur en tant qu'expert. Cependant, cela n'aura pas d'impacts majeurs sur l'entrepreneur en vous, comme cela ne vous apportera pas vraiment plus de clients et n'augmentera pas vraiment votre chiffre d'affaires.

Au contraire, cela augmentera encore plus le décalage entre la valeur de l'expert et de l'entrepreneur que vous êtes. Pour la plupart des entrepreneurs qui offrent des services de mieux-être, il y a effectivement un bon décalage entre les deux. La plupart du temps, l'expert est surdiplômé et vaut une certaine valeur alors que l'entrepreneur est plutôt débutant et a donc une valeur perçue moindre. Par exemple, si l'entrepreneur en vous croit valoir 50 000 $, c'est ce que vous gagnerez même si l'expert en vous pourrait croire en valoir beaucoup plus. Ce n'est donc pas l'expert qui a besoin d'être formé en urgence, mais bien l'entrepreneur qui a besoin d'être coaché afin d'augmenter sa valeur au même niveau que celle de l'expert.

De plus, comme votre entreprise est le prolongement de vous-même, l'entrepreneur en vous ne pourra pas faire plus ou mieux que vous. Comme vous êtes la somme de vos blessures du passé, croyances, pensées, émotions, mindset, décisions, actions, valeurs et valeur perçue, l'entrepreneur fera face aux mêmes défis que vous. Par exemple, si vous portez la blessure d'abandon, il aura peur d'être abandonné dès qu'il abordera la question des tarifs. Si vous avez de la difficulté à reconnaître votre valeur, ni l'entrepreneur en vous ni les clients ne seront plus en mesure de la reconnaître.

Toutefois, la majorité des entrepreneurs ont de la difficulté à investir dans leur entreprise parce que cela signifie d'investir en eux-mêmes, donc dans l'Être. Comme ils ont beaucoup de difficulté à reconnaître leur valeur, ils ne pourront pas investir plus que ce qu'ils croient valoir. Paradoxalement, ils auront plus de facilité à investir dans une autre formation pour devenir encore plus expert, car cela n'a rien à voir avec leur valeur dans l'Être, la formation étant dans le Faire.

Je ne dis donc pas que vous devez arrêter de prendre des formations, loin de là. Je continue d'en prendre régulièrement moi aussi et je suis extrêmement reconnaissante puisque c'est grâce à toutes les formations que j'ai suivies que j'ai pu devenir l'experte que je suis aujourd'hui. Par contre, pour chaque nouvelle formation que vous suivez, il y a absolument deux conditions essentielles à respecter et qui feront toute la différence. La première, vous devez absolument rentabiliser chacune de vos formations en les intégrant à vos services actuels et en augmentant vos tarifs. Vous augmenterez ainsi leur valeur.

La deuxième, vous devez absolument investir au moins la même somme dans votre développement comme entrepreneur. Pourquoi ? Parce que vos diplômes vous permettront de devenir un plus grand expert dans votre domaine, mais ils ne feront pas de vous un meilleur entrepreneur. Votre expert risque donc de crever rapidement de faim si votre entrepreneur ne se développe pas. Pour manifester le chiffre d'affaires que vous voulez, vous avez donc besoin de vos diplômes d'entrepreneur. De plus, à chaque diplôme, comme à chaque niveau d'expansion, correspondra un chiffre d'affaires spécifique.

Par exemple, si vous avez investi 5 000 $ par année dans les trois dernières années sur l'expert en vous, vous avez au moins à investir autant sinon plus afin d'amener l'entrepreneur en vous au prochain niveau d'expansion. Vous aurez donc à intégrer de nouvelles connaissances et développer de nouvelles expertises d'entrepreneur, maitriser de nouvelles stratégies d'affaires, changer votre mindset d'entrepreneur, transformer votre relation avec l'Argent, etc.

Si vous êtes employé ou gestionnaire, vous avez également à faire de même, c'est-à-dire à investir en vous afin d'acquérir de nouvelles connaissances, développer de nouvelles compétences et habiletés, changer votre mindset, etc. C'est ce qui vous permettra de passer au prochain niveau d'expansion, de pouvoir justifier une augmentation de salaire, d'obtenir une promotion ou l'emploi de vos rêves et augmenter ainsi votre revenu.

Enfin, rappelez-vous qu'une formation vous forme dans le Faire alors que le coaching vous transforme dans l'Être! C'est donc le coaching qui vous amènera à Être une nouvelle version de vous-même. Vous avez nécessairement à vous former et vous faire accompagner si vous voulez atteindre vos objectifs. Si vous vous empêchez de vous faire accompagner sous prétexte que vous êtes déjà en formation, vous retardez vous-même les résultats que vous pourriez avoir.

SI TOUT CE QUI COMPTE POUR VOUS, C'EST D'AIDER LES AUTRES...

Alors vous ne reconnaissez pas votre valeur et vous vous oubliez complètement. Rappelez-vous que vous ne pouvez jamais aider plus que l'aide que vous vous donnez à vous-même. De plus, il existe de multiples façons d'aider les autres. Vous n'êtes pas obligé d'être en affaires pour ça. Vous pouvez aider n'importe qui tout à fait gratuitement simplement en sortant de la maison, en aidant à traverser la rue, en ouvrant la porte, etc.

Par contre, si vous êtes en affaires, vous aurez l'opportunité non seulement d'aider mais aussi de guider les gens à un autre niveau. Il est capital que vous ne le fassiez jamais au détriment de vous-même ni de votre valeur, sinon votre entreprise ne survivra pas longtemps. Comme entrepreneur, vous avez la responsabilité d'avoir une entreprise rentable, ce qui veut donc dire de faire de l'Argent.

Vous savez autant que moi qu'être en affaires est l'une des plus grandes quêtes spirituelles que vous pouvez vivre où les défis font partie du quotidien, alors à quoi bon se donner autant si l'Argent ne rentre pas ? La vraie question à vous poser est donc à quel point voulez-vous vraiment aider et guider le plus de personnes possibles ? Ainsi, si vous n'êtes pas prêt à investir en vous pour y arriver, ne vous lancez pas en affaires. Vous serez épuisé devant la charge de travail qui viendra avec. Impliquez-vous plutôt dans votre communauté et faites du bénévolat.

SI VOUS ATTENDEZ DE VOIR CE QUE FERA L'UNIVERS...

Que voulez-vous que l'Univers fasse de plus si vous vous mettez en attente ? Il fera exactement comme vous. Vous pouvez ainsi attendre longtemps ! Par exemple, si vous vous dites « hier, j'ai vécu une grande libération, alors je vais attendre de voir ce qui va se passer avant de prendre un prochain rendez-vous », à votre avis, que voulez-vous qu'il se passe ? Vous venez vous-même de mettre le frein dans l'engrenage et d'arrêter la transformation alors que, dès que le prochain rendez-vous est pris, l'Univers conspire pour la suite.

Portez donc attention aux messages que vous envoyez à l'Univers quand vous décidez d'attendre et que vous n'investissez pas en vous, ou encore quand vous refusez une opportunité, surtout si c'est vous qui l'aviez demandée. Par exemple, vous décidez de contacter un coach car vous sentez que c'est la bonne personne pour vous aider. Cependant, dès que vous parlez Argent, la peur vous prend et vous vous désistez. Rappelez-vous, si vous n'investissez pas en vous, comment serez-vous en mesure de demander à vos clients d'investir en vous ?

SI VOUS CROYEZ QUE VOUS N'ÊTES PAS PRÊT...

Il y a de fortes possibilités que vous ne le soyez jamais. Personne n'est jamais prêt à se lancer dans le vide. Il arrive un moment où vous ne pouvez juste plus supporter le tolérable. Ainsi, quand le tolérable devient intolérable, vous êtes prêt !

SI VOUS AVEZ ABSOLUMENT BESOIN DU CONTACT EN PERSONNE...

C'est signe qu'inconsciemment vous cherchez à remplir un vide par la présence des autres. Vous êtes ainsi plus motivé par l'environnement et le contact humain que par l'atteinte de vos objectifs. Vous pouvez même vous conforter dans ce confort et croire que vous avancez parce qu'à toutes les semaines vous vous déplacez pour recevoir un soin, un traitement, etc.

Rappelez-vous que le but est d'atteindre vos résultats et de vous dépasser. Vous ne pouvez pas limiter ni retarder votre transformation sous aucune considération. Alors détrompez-vous, les résultats que vous obtiendrez n'ont rien à voir avec le fait d'être en personne ou non. C'est votre responsabilité de trouver la meilleure personne pour vous amener là où vous voulez aller. C'est avec elle que vous voulez travailler, et ce, peu importe où elle est sur la planète. Si jamais c'est en personne, ce sera un bonus !

Cependant, vous aurez toujours à vous déplacer et, avec le temps, vous verrez à quel point être accompagné en ligne vous permettra de gagner des heures. Vous ne voudrez plus vous en passer. D'autant plus qu'avec la pandémie de 2020, cela ne devrait plus être un enjeu ni une excuse.

Avec la technologie d'aujourd'hui, les possibilités sont infinies. Il est possible de se voir sans se déplacer et d'avancer tout autant dans votre transformation. Rappelez-vous qu'au niveau énergétique il n'y a aucun espace-temps ni limite. Ainsi, peu importe le travail que vous faites, tout se fait très bien à distance, sauf les thérapies manuelles musculaires, bien entendu. C'est d'ailleurs ce qui fait que, de mon côté, ça fait des années que je travaille avec de nombreux coachs provenant autant des USA, de Paris, d'Australie que du Québec.

SI VOUS CROYEZ QUE VOUS N'EN AVEZ PAS BESOIN OU, PIRE ENCORE, QUE VOUS PRÉFÉRIEZ DE LOIN Y ARRIVER TOUT SEUL...

Sortez de votre illusion. Personne n'a atteint ses objectifs sans aide ni soutien. Pourquoi vous entêter à y arriver seul alors que vous savez pertinemment que vous pouvez y arriver beaucoup plus rapidement et facilement en étant accompagné par une personne qui est déjà passée par là ? Seul votre ego sera content d'être y arriver sans aucune aide. Par contre, pendant tout ce temps, vous privez le monde de votre lumière comme de vos services. Et parce que vous lisez ce livre, votre niveau de conscience est rendu à un niveau trop élevé pour laisser gagner votre ego. Vous n'avez donc plus le droit d'aller là.

SI VOTRE PARTENAIRE NE VEUT PAS...

Vous avez votre client le plus coriace devant vous ! Sortez le négociateur et entamez la discussion. Votre couple doit vous permettre de vous élever ensemble et non de vous tirer vers le bas. Consultez à nouveau le chapitre 3 pour en savoir plus.

Règle d'or nº 3 : Arrêtez d'attendre la pilule magique !

Je vous jure que si la pilule magique ou la recette miracle existait, ça ferait longtemps qu'elle aurait été commercialisée. Cependant, comme vous pouvez le constater, il n'existe ni pilule magique ni recette miracle pour gagner plus d'Argent et accéder à la liberté financière. Ainsi, tant que votre relation avec l'Argent ne changera pas, rien ne changera. Votre situation financière non plus. Vous pouvez donc attendre longtemps avant que l'Argent arrive. Si vous voulez obtenir un résultat différent, vous avez à faire différent parce qu'une recette de gâteau donnera toujours le même gâteau !

C'est comme en auto. Vous partez d'un point A pour aller au point B. Vous avez besoin d'essence ou d'électricié dans votre voiture pour parcourir le chemin. Vous ne vous pouvez poser pas de questions. Vous arrêtez à la station-service, vous faites le plein et vous partez. L'investissement en vous, c'est la même chose. Vous voulez quitter une certaine vie qui ne vous fait plus vibrer : le point A, pour accéder à une vie meilleure : le point B. Vous avez donc besoin de parcourir le chemin, donc de vivre la transformation nécessaire. Pour y arriver, vous avez besoin d'essence, donc d'investir en vous. Dans un cas comme dans l'autre, vous avez besoin d'Argent pour arriver au point B. Si, par contre, vous décidez d'attendre, vous ne ferez pas le plein de votre auto. Vous resterez donc exactement au point A avec toutes les insatisfactions qui viennent avec, lesquelles font actuellement partie de votre quotidien.

Quand vous vous mettez en attente, vous vibrez l'attente. L'Univers répond donc dans le même sens que vous et il attend avant de vous envoyer de nouvelles opportunités comme de nouveaux clients. De plus, si de nouveaux clients se présentent à vous, ils adopteront le même comportement que vous et vous diront qu'ils préfèrent, eux aussi, attendre, sans savoir, bien sûr, que vous vous êtes mis sur pause. En fait, quand vous êtes en pause, tout le monde se met en pause, même l'Univers.

Vous ne pouvez donc pas attendre indéfiniment d'avoir l'Argent pour Être qui vous voulez et Faire ce que vous voulez. Vous devez absolument sortir du paradigme d'Avoir plus d'Argent pour faire quelque chose et devenir quelqu'un. Comme nous l'avons abordé au chapitre 1, vous avez plutôt à déterminer qui vous voulez Être, puis Faire ce qui est nécessaire pour le devenir et ainsi Avoir. Votre nouveau revenu est donc une récompense et un résultat. C'est le point final de votre transformation et non le point de départ.

Si vous saviez le nombre de fois que j'ai investi sans nécessairement avoir l'Argent d'avance dans mon compte bancaire. Par ailleurs, saviez-vous que c'est l'un des messages les plus puissants que vous pouvez envoyer à l'Univers? En effet, vous lui dites clairement que vous avez tellement confiance en lui que vous êtes convaincu qu'il vous soutiendra indéfiniment. Plus vous serez engagé dans votre transformation, plus il vous soutiendra. Il ne peut d'ailleurs que conspirer à la hauteur de votre investissement comme de votre engagement. Plus vous l'êtes, plus il vous encouragera. Non seulement il vous facilitera le chemin mais, pour chaque pas que vous ferez, il vous en fera faire deux de plus, et peut-être même trois ou quatre!

De plus, si vous êtes réellement prêt pour la transformation proposée, vous trouverez toujours l'Argent nécessaire. Peu importe comment vous procéderez, que ce soit en utilisant votre carte de crédit, en sortant des REER, en demandant de l'Argent à l'un de vos proches, vous aurez la possibilité de faire l'investissement demandé. Plus vous investirez en vous, plus cela vous rapportera rapidement.

À l'inverse, si vous avez un coussin financier et que vous le gardez strictement pour les imprévus et les problèmes, vous serez dans la peur que ceux-ci se produisent. Vous risquez d'en attirer plusieurs, puisque c'est exactement ce que vous vibrerez. C'est comme si vous disiez directement à l'Univers de vous en envoyer alors que ce n'est pas du tout ce que vous souhaitez. Pire encore, la majorité du temps tous les imprévus et problèmes que vous avez imaginés ne se produiront jamais, alors à quoi bon ?

Bien qu'il soit évidemment recommandé d'avoir rapidement accès à l'équivalent d'au moins trois mois de salaire[81], vous avez quand même la possibilité d'utiliser une certaine partie de votre coussin pour investir en vous, pas pour des dépenses. C'est important de rester dans les besoins à répondre, et non dans les désirs, comme dans ce qui augmente votre valeur et vos revenus.

L'Argent doit circuler librement. Il est donc normal et acceptable d'utiliser une partie de votre coussin pour investir en vous, réaliser vos projets et saisir les opportunités qui se présenteront quand vous les sentez alignées, bien entendu. Au contraire, quand vous bloquez le processus en gardant tout pour les « au cas où », c'est que vous ne croyez pas vraiment en vous ou en l'Univers d'être en mesure de rentabiliser votre investissement à court ou moyen terme.

Si vous vibrez le manque, vous attirerez le manque. Pensez au message que vous envoyez à l'Univers. Voulez-vous vraiment tout garder votre coussin pour les imprévus au lieu d'en investir une partie en vous et grossir éventuellement votre coussin ? En investissant en vous, vous donner automatiquement la permission à l'Univers et autres d'investir en vous. Vous faites tellement confiance à l'Univers que vous prenez de l'avance, vous investissez avant même d'avoir l'Argent en

---

81 https://www.latribune.ca/affaires/limportance-dun-coussin-financier-eed993ca6a9cb42ebef192d9ef7191e2

poche, car vous savez que ce n'est qu'une question de temps avant de le rentabiliser.

D'autre part, si vous êtes en affaires, votre façon d'investir en vous et en votre entreprise aura un impact direct sur comment vos clients investiront en eux à travers votre entreprise. Regardez comment vous investissez en vous et en votre entreprise. Vous ne pourrez pas attirer ce que vous n'êtes pas. Êtes-vous plutôt du genre à attendre ou à passer à l'action ? à faire vos paiements à date ou en retard ? Essayez-vous de gagner du temps en négociant pour retarder un prochain paiement ? Êtes-vous frileux à l'idée d'investir dans un programme qui vous amènera à vivre une réelle transformation ? Préférez-vous plutôt payer à la séance ?

Observez comment vous-même agissez en tant que client. Vos comportements dicteront aussi ceux de vos clients. Par exemple, si vous attendez la pilule magique ou que vous cherchez la recette miracle, vos clients risquent de faire de même. Vous ne pourrez jamais leur demander d'investir plus que ce que vous êtes vous-même capable d'investir. Vous êtes votre propre client idéal. Établissez à nouveau les critères de votre client idéal et devenez-le. C'est ainsi que vous allez attirer tous les clients idéaux que vous voulez.

Règle d'or nº 4 : Honorez votre puissance !

Depuis le début des temps, l'homme et la femme ont été appelés à jouer chacun un rôle important pour la survie de l'humanité. Encore aujourd'hui, non seulement ces rôles ont leurs places mais ils sont essentiels pour la même raison. Les rôles sont donc les mêmes mais, comme tout dans la vie, ils ont évolué avec le temps et les personnes s'y sont adaptés à chaque époque.

Toutefois, pendant des milliers d'années, trop d'hommes et de femmes se sont fait violence, se sont blessés mutuellement et ont abusé l'un de l'autre. La planète compte énormément d'hommes et de femmes blessés qui ne font que répéter les mêmes blessures du passé, de génération en génération.

Il est temps de mettre fin à toute cette souffrance humaine. Il est temps que l'homme pardonne à la femme et que la femme pardonne à l'homme. Il est temps d'apaiser toutes les blessures du passé. Il est temps que l'homme reconnaisse pleinement la femme dans toute sa splendeur et que la femme reconnaisse l'homme dans toute sa force parce que l'union fait la force. Il est temps de faire la paix pour poursuivre la mission originelle.

L'homme et la femme sont donc amenés à former un couple solide, ancré, uni, dans le respect de leurs forces et de leurs rôles respectifs. C'est ainsi qu'ils deviendront de véritables partenaires de vie qui auront du plaisir à vivre, à grandir et à cocréer ensemble un monde meilleur.

Messieurs, honorez totalement l'homme que vous êtes. Activez votre énergie masculine (yang) et entrez complètement dans votre puissance protectrice. Pour y arriver plus facilement, reprenez votre rôle de chef de clan et de pourvoyeur au sein de votre famille. Ce rôle vous appartient et personne d'autre ne peut le prendre à votre place. Assurez la survie et la sécurité de votre famille. Démontrez-le par votre confiance et votre assurance en vous. Soyez le leader et prenez actions dans le quotidien pour protéger votre famille, tant au niveau de la sécurité physique que financière. Plus vous serez dans votre puissance, plus vous gagnerez de l'Argent.

Mesdames, honorez totalement la femme que vous êtes. Activez votre énergie féminine (yin) et entrez complètement dans votre puissance créatrice. Pour y arriver, redonnez à votre homme le rôle d'assurer votre protection à la maison, même si vous êtes capable de vous protéger toute seule. Ce n'est pas une question de capacité, c'est une question de rôle à jouer. Vous ne pouvez pas jouer votre rôle si vous essayez de jouer le sien. Valorisez-le donc dans son rôle. Montrez-lui que vous avez une confiance absolue en lui. Vous pourrez alors vous reconnecter à votre monde intérieur, activer votre créativité, déployer vos ailes et rayonner dans votre splendeur. C'est ainsi que vous vous émanciperez pleinement, que vous attirerez à vous et manifesterez dans la matière tout l'Argent que vous voulez, et que vous pourrez apporter votre plus grande contribution au monde.

Enfin, honorez-vous pleinement l'un et l'autre tant dans votre quotidien que sexuellement. Pourquoi sexuellement? Parce que c'est d'abord par une sexualité épanouie, active et sacrée, c'est-à-dire là où votre objectif est d'honorer l'autre pleinement que vous reprendrez vos rôles respectifs et que vous matérialiserez le plus rapidement possible tout ce que vous voulez. En effet, c'est comme une roue qui tourne, où à travers la sexualité, vous activerez et amplifierez continuellement la puissance de l'autre. C'est ainsi que vous pourrez manifester tout l'Argent que vous voulez et cocréer un monde meilleur.

Règle d'or n° 5 : Prenez des risques !

Vous rappelez-vous à quand remonte la dernière fois où vous êtes sorti de votre zone de confort et avez pris un risque? D'ailleurs, en général, les hommes ont beaucoup plus de facilité à ce niveau, tout comme ceux qui ont l'AF de l'Insoumis. Alors que ce sera un défi beaucoup plus grand pour les Accumulateurs puisqu'ils sont beaucoup plus sujets à basculer facilement dans l'insécurité financière et à voir chaque sortie d'Argent comme une dépense.

Si vous voulez avoir des résultats différents et atteindre vos objectifs, vous devez absolument sortir de votre zone de confort et savoir prendre des risques. C'est la clé pour gagner plus d'Argent. Rappelez-vous que la même recette donne toujours le même gâteau. Pour avoir des résultats différents, vous devez prendre le risque d'Être et de Faire différemment, par exemple prendre le risque d'être soi, de briller, d'investir en vous, etc.

Pour y arriver, vous avez avant tout à vous bâtir une sécurité intérieure et à développer une connexion avec l'Univers. Vous devez avoir une certitude et une foi en la vie, comme avoir confiance en vous, être déterminé, écouter votre instinct, votre intuition et suivre vos inspirations. C'est ainsi que vous serez en mesure de sortir de votre zone de confort. Sinon, vous resterez dans une illusion de sécurité où, bien sûr, rien ne changera. Vous reproduirez sans cesse les mêmes résultats, que ceux-ci vous plaisent ou non. Vous avez donc le choix entre deux possibilités, soit vous acceptez le *statu quo*, soit vous prenez le risque. Dans un cas comme dans l'autre, vous aurez un prix à payer. Lequel choisissez-vous ?

De plus, c'est tout à fait normal que les peurs montent en vous quand vous prenez un risque. Au contraire, si vous n'avez pas peur, c'est mauvais signe. C'est que vous jouez trop petit et que vous ne prenez aucun risque. Bien entendu, il n'est pas ici question de prendre des risques démesurés. Quand vous investissez de l'Argent sur vous, vous avez pleinement le contrôle sur les résultats possibles. Cependant, si vous investissez une somme importante d'Argent, que ce soit à la Bourse ou autre, investissez le montant dont vous n'avez pas besoin pour vivre demain matin. Il y a toujours un risque d'en perdre. Qui ne risque rien n'a rien !

Au quotidien, prenez également des risques, que ce soit le risque de faire autrement, de faire quelque chose que vous voulez faire depuis longtemps mais que vous n'osez pas, de sortir un nouveau service même s'il n'est pas parfait, etc. Prenez le risque d'engager des collaborateurs au lieu de tout faire seul, le risque de déléguer même si vous avez peur que ce ne soit pas fait comme vous pourriez le faire.

De mon côté, dans les dernières années, non seulement j'ai appris à sortir de ma zone de confort et à prendre des risques, mais j'oserais même dire que j'ai appris à vivre à l'extérieur de ma zone de confort. Est-ce que c'est facile ? Non ! Est-ce que c'est *challengeant,* voire même apeurant ? Oui, tellement ! Je vous avoue que je me suis souvent lancée les yeux fermés et que j'ai avancé la peur au ventre. Est-ce que ça m'a valu quelques nuits blanches ? Plusieurs ! Est-ce que je recommencerais ? Oui, demain matin, parce que c'est ce qui m'a permis de me transformer à la vitesse de la lumière, de faire des sauts quantiques d'expansion, de changer complètement ma vie comme de chiffre d'affaires.

Toutefois, prendre des risques vient aussi avec un envers de la médaille. Il peut donc engendrer des répercussions à d'autres niveaux et c'est souvent là que ça bloque. Par exemple, cela peut amener des conflits de vision ou de valeurs, que ce soit avec certains membres de votre famille, votre partenaire, etc. Même si ce n'est jamais souhaité, certains conflits peuvent même dégénérer et occasionner des séparations. C'est ce qui peut arriver lorsque vous prenez le risque d'être vous. Automatiquement, l'Univers conspirera pour tout épurer autour de vous et libérer de votre chemin tout ce qui n'est pas aligné avec vous.

C'est donc en osant prendre des risques que vous vivrez la transformation qui vous permettra de passer au prochain niveau expansion et de gagner plus d'Argent. C'est ainsi que vous agrandirez éventuellement votre zone de confort. Enfin, le plus grand risque que vous pouvez prendre, c'est celui d'être vous-même et de briller. Quand vous choisissez effectivement de prendre le risque, vous dites automatiquement oui à la meilleure version de vous, au prochain niveau d'expansion, à tous les possibles.

Connaissez-vous la différence entre les personnes qui ont du succès et celles qui n'en ont pas ? Tout simplement que celles qui ont du succès avancent malgré la peur au ventre. Elle ne se laissent pas paralysées par la peur ou encore moins de jouer petit pour ne pas ressentir cette peur. Mais elles ont tout aussi peur que vous, peut-être même plus !

Vous savez, la liste de peurs peut être longue. La peur du jugement, d'être ridiculisé, de ce que les autres vont dire, de la critique, du regard, de ne pas être parfait, de se tromper, de faire de mauvais choix, de l'échec, et donc la peur d'être abandonné, rejeté, humilié, etc. De plus, certains AF vous feront basculer beaucoup plus facilement dans les peurs, entre autres l'Accumulateur et le Dirigeant, ou encore la Célébrité si vous ne l'assumez pas ou si c'est votre dernier.

Mais la plus grande peur n'est jamais celle que vous pensez. À votre avis, quel est le pire qui pourrait réellement vous arriver ? Au-delà même de l'échec, c'est d'avoir du succès, de réussir et de briller ! Ce qui vous ferait automatiquement basculer dans la peur d'être débordé, de perdre le contrôle, de manquer de temps, d'énergie, de ne pas être en mesure de gérer le succès, de ne pas être à la hauteur, etc. Vous pouvez aussi avoir peur des impacts de votre succès, comme d'être abandonné ou rejeté par votre partenaire ou vos parents si vous gagnez plus d'Argent qu'eux, de ne plus être capable de concilier famille-travail, etc.

De plus, les peurs font non seulement partie de la route, mais elles vous indiquent le chemin à suivre. En fait, plus vous avez peur, plus c'est un signe que c'est par là que vous devez aller. Les peurs vous permettront de vous propulser encore plus, tant dans votre lumière que dans votre mission. Ainsi, à chaque niveau d'expansion que vous accéderez, vous rencontrerez à nouveau des peurs. Parfois des nouvelles mais souvent les mêmes. Parce que l'être humain est généralement le plus grand obstacle à sa propre transformation, il est donc tout à fait normal d'avoir à revisiter les mêmes défis, les mêmes blessures et mémoires afin de s'en libérer plus en profondeur. C'est de cette façon que vous vous transformerez et que, par la suite, autant vous que votre entreprise passeront au prochain niveau d'expansion.

Pour y arriver, libérez-vous de ces peurs, soit en apaisant vos blessures du passé, en vous réalignant avec vos AF, en changeant vos croyances, en transformant votre mindset. Ajoutez également de nouvelles connaissances, des expertises et des compétences, de même que des outils et des stratégies. Mais encore, plongez dans l'action, c'est la façon la plus rapide de vaincre toutes vos peurs. Enfin, peu importe celles qui se présentent sur votre chemin, ne devenez jamais esclave de vos peurs. Ne les laissez jamais gagner. Assurez-vous de toujours avancer et de jouer grand!

Règle d'or n° 6 : Libérez-vous de l'insécurité financière !

Depuis toujours, la majorité des gens vivent dans le premier niveau de conscience, soit la survie. C'est ainsi que l'espèce humaine a pu survivre aussi longtemps et qu'elle survit d'ailleurs encore. Même si à l'ère actuelle, nous vivons dans un monde où la survie de l'espèce et la sécurité physique ne sont plus un enjeu majeur au quotidien, la majorité de la population se situe encore dans ce même niveau de conscience. Qui dit survie dit, par le fait même, manque et insécurité. De ce fait, nombreux sont ceux qui expérimentent encore le manque, que ce soit le réel manque d'Argent ou la peur d'en manquer.

Rappelez-vous que l'Argent est un puissant amplificateur de tout. Conséquemment, à ce niveau de conscience, plus vous avez de l'Argent, plus la peur d'en manquer grandit. Ainsi, plus vous basculerez dans un état de manque, voire même d'insécurité financière. De plus, méfiez-vous, car l'insécurité financière, avec tous les scénarios qu'elle peut générer, peut vous mener partout sauf où vous voulez vraiment aller. Celle-ci n'a rien à voir avec le fait d'avoir de l'Argent mais bien avec la peur d'en manquer et, éventuellement, de tout perdre. C'est complètement différent et paradoxal en même temps. Vous pouvez même faire des millions et vivre de l'insécurité financière à tous les jours.

D'ailleurs, de mon côté, dans les cinq dernières années, j'ai vécu beaucoup d'insécurité financière et j'ai remarqué que plus je faisais de l'Argent, plus celle-ci augmentait. Mon Accumulatrice était en train de devenir folle ! Ce que je n'avais pas compris à ce moment-là, c'est à quel point les dépenses suivent les revenus et que c'est tout à fait normal. Ainsi, plus mon chiffre d'affaires grossissait, plus les dépenses qui venaient avec aussi, me ramenant continuellement dans la peur de manquer d'Argent. Je me demandais continuellement comment j'allais faire pour être en mesure de payer tous les frais encourus advenant un mois, deux ou trois mois même, de faibles revenus. Je n'ose même pas imaginer dans quel état d'insécurité j'aurais basculé avec un million de chiffre d'affaires, considérant le mindset que j'avais. C'est ce qui fait que je transforme continuellement ma relation avec l'Argent. Je veux avoir le mindset au top, celui correspondant aux millions !

Quand l'insécurité financière est présente, vous ne pouvez pas être en mesure de saisir les opportunités qui se présentent à vous ni de prendre des décisions *100 % Alignées 100 % Assumées*. En effet, celles-ci seront davantage influencées par la peur du manque. Ainsi, vos actions tout comme les résultats que vous obtiendrez seront tout à fait différents. Vous aurez tendance à jouer petit, à niveler par le bas, à vouloir contrôler tant les entrées que les sorties d'Argent, à couper partout où vous pouvez au niveau des dépenses, etc. Et si vous êtes en plus un Accumulateur, vous avez tout en main pour vivre bien des moments d'insécurité.

De plus, vous risquez de tomber, comme la majorité de la population, dans le piège de la consommation, voire de la surconsommation. Bien que celle-ci semble une solution pratique, facile et rapide, ce n'est qu'une compensation à court terme. Vous allez tout simplement consommer pour compenser et soulager temporairement l'insécurité. Ainsi, vous comblerez vos besoins par une façon externe, que ce soit le tabac, la drogue, l'alcool, la médication, le café, le sucre, la surconsommation, le sexe, la télévision, les réseaux sociaux ainsi que les autres comportements excessifs : magasinage, livres, etc. Et ce sera à recommencer à tous les jours !

Conséquemment, à long terme, vous risquez d'en payer cher le prix. Plus vous vibrerez le manque, plus vous risquez de l'attirer puisque c'est le message que vous envoyez à l'Univers, que vous le vouliez ou non. Dans ce contexte, il vous sera bien difficile de passer au prochain niveau d'expansion et de gagner plus d'Argent.

À l'inverse, plus vous vibrez un état d'abondance, plus c'est ce que vous attirerez parce qu'autant vos croyances, votre mindset que vos décisions sont à un autre niveau. Vous êtes en mesure de reconnaître votre valeur. Vous savez que vous devez d'abord investir en vous avant de voir des changements dans la matière. Vous avez décidé de jouer grand et de réaliser votre mission dans sa plus grande expression. Le message que vous envoyé à l'Univers est donc complètement différent. Vous avez confiance qu'il conspirera à la même hauteur que vous. Comme l'Univers est généreux, quand vous faites un pas, il vous en fait faire deux ou plus pour vous encourager dans la même voie.

Vous devez donc vous libérer de l'insécurité financière une bonne fois pour toutes si vous souhaitez réellement passer au prochain niveau d'expansion et gagner plus d'Argent. Sans quoi, cette insécurité augmentera proportionnellement à votre revenu.

Pour y arriver, vous aurez à vous transformer en vous libérant de tout ce qui vous maintient dans le niveau de conscience de la survie. Ce qui signifie donc de vous libérer des patterns financiers que vous répétez tout comme des vieilles croyances, des peurs, des mémoires en lien avec l'Argent, d'apaiser les blessures du passé qui sont actives, de faire la paix avec vos premières expériences d'abondance et d'Argent, si nécessaire.

Puis, vous aurez à vous aligner avec votre mission, vos valeurs, vos forces, vos talents et vos dons, de même qu'avec vos intentions, vos grandes visions, vos besoins et vos AF. D'ailleurs, si vous avez un Accumulateur, celui-ci fait clairement défaut. Vous aurez également à poursuivre votre transformation en investissant continuellement en vous et en votre entreprise afin de changer votre mindset, d'assumer pleinement votre valeur, de transformer votre relation avec l'Argent, et ce, tant que vous n'aurez pas atteint le revenu ou chiffre d'affaires souhaité, ou jusqu'à la liberté financière.

Enfin, vous aurez aussi à apprendre à faire confiance en la Vie, en Dieu ou en l'Univers, selon vos croyances. Je dirais même plus, à vous abandonner complètement à la Vie, à accepter que le Grand Plan se réalise à travers vous et à faire confiance que l'Univers répondra à tous vos besoins, tant de base que d'accomplissements.

À ce sujet, j'ai vécu plusieurs expériences dont celle-ci, assez incroyable où Dieu cogna littéralement à ma porte par un beau matin de septembre 2019. Ma vie était chaotique depuis un bon trois mois, en pleine réorganisation et adaptation dans une nouvelle ville, une nouvelle région. Deux jours plus tôt, je m'étais arrêtée devant l'église pour demander de l'aide, car je ne savais plus comment rester en paix devant toutes les factures imprévues qui s'accumulaient depuis le déménagement. Plus j'en recevais et plus je vivais de l'insécurité, ne sachant plus comment faire pour payer tout ça. J'ouvris donc la porte et deux hommes tout souriants me regardaient. L'un d'eux avait la Bible en main et était prêt à me lire un verset. N'étant pas très à l'aise, mon premier réflexe fut de vouloir mettre fin à la discussion rapidement, mais une petite voix me dit de l'écouter et l'un d'eux prit la parole: « Dieu se soucie de vous. » Et le téléphone sonna. Je remerciai les deux hommes et referma la porte. J'étais sous le choc, je venais de recevoir un message de Dieu, livré directement à ma porte. Cette expérience me permit de m'abandonner consciemment pour la première fois.

Règle d'or nº 7 : Démarquez-vous !

En général, chez les femmes, se démarquer comportera davantage de défis que chez les hommes. En effet, naturellement les femmes ne recherchent pas vraiment de visibilité. Elles n'en ressentent ni le besoin ni le désir, à l'exception de celles qui ont l'AF de Célébrité bien assumée. Toutefois, que vous vouliez une promotion ou que vous soyez en affaires, vous avez à vous démarquer en faisant autrement, en étant visible et en sortant du lot.

Pour y arriver avec plus de facilité, assurez-vous avant tout d'avoir apaisé vos blessures du passé. Sinon, vous risquez d'attirer plutôt des situations correspondant soit à votre blessure d'abus, d'abandon, de rejet, de trahison, d'humiliation, etc.

De plus, alignez-vous avec vos AF. Pour ce faire, assurez-vous qu'ils soient tous harmonisés. Si vous avez un AF en excès, vous devez absolument trouver une façon de le rééquilibrer.

Par exemple, si votre premier AF est en excès, vous devez activer votre dernier AF. Ce sera le cas si vous avez un Nourricier en n° 1 avec une Célébrité en dernier, ou encore si vous avez un Connecteur en 1 et un Accumulateur en dernier.

À l'inverse, si c'est votre AF n° 1 qui est en manque, alors vous aurez à l'activer encore plus. Ainsi, le Romantique devra profiter davantage de la vie. L'Alchimiste aura à faire plus de magie. Le Célébrité aura à sortir de la foule et prendre sa place. Le Connecteur aura à sortir et connecter davantage. Le Dirigeant aura à créer plus de valeur. L'Accumulateur aura à oser investir. L'Insoumis aura à sortir des sentiers battus et à prendre des risques. Enfin, le Nourricier aura à enseigner.

Rappelez-vous que vous portez une vibration, une couleur, un message comme des dons, des forces, des talents, des expertises et des expériences qui sont uniques. Vous devez les présenter au monde pour augmenter votre valeur et vous démarquer. Ainsi, en étant de plus en plus visible, vous serez de plus en plus connu. Conséquemment, vous augmenterez de plus en plus votre notoriété et votre crédibilité. Ce qui signifie que non seulement les gens vous connaîtront, mais ils vous reconnaîtront pour qui vous êtes, ce que vous faites, bref, pour votre réputation. C'est ainsi que vous ferez votre nom, votre marque ou, si vous préférez, votre notoriété. Ils auront ainsi de plus en plus confiance en vous. Vous serez donc crédible à leurs yeux.

Règle d'or n° 8 : Oubliez la perfection !

La perfection ne fait pas partie de ce monde. Seule la transformation existe. La transformation est signe d'évolution alors que la perfection vous empêche totalement d'évoluer. En effet, la transformation est un processus continu dans lequel votre chemin se dessine au fur et à mesure que vous avancez vers votre prochain niveau d'expansion. Vous êtes donc en constante transformation et vous surfez ainsi sur la spirale d'évolution.

À l'opposé, la perfection vous amène à vivre à travers les yeux des autres. Vous êtes davantage préoccupé par ce que les autres pourraient penser ou dire de vous plutôt que par qui vous voulez réellement être et ce que vous voulez réellement faire de votre vie. Comme vous avez une blessure qui est active, vous vivez constamment avec la peur d'être critiqué, jugé, humilié, rejeté, abandonné, etc. La perfection vous apparait donc une solution pratique pour éviter le pire qui pourrait arriver, mais à quel prix ? Et pour qui ?

Comme personne n'a la même perception de la perfection, conséquemment, vous ne pourrez jamais être parfait pour tous. La quête de la perfection est donc illusoire. Peu importe qui vous serez et ce que vous ferez, cela déplaira à une certaine quantité de personnes pour diverses raisons, qui sont totalement hors de votre contrôle. Pensez-y un instant. Comment pouvez-vous exiger que tout le monde vous aime si vous-même n'avez pas d'affinités avec tous ? Plus vous serez connu, plus il y aura de personnes qui vous aimeront, et d'autres qui n'aimeront pas qui vous êtes ni ce que vous faites. Si Céline Dion n'est pas aimée de tous, qui peut vraiment l'être ?

Pire encore, parce que vous croyez que tout peut être toujours parfait, cette quête est infinie. La preuve, vous changerez vos standards de perfection au fur et à mesure que vous atteindrez un certain niveau de perfection. Ça ne pourra donc jamais être assez parfait à vos yeux. C'est donc utopique de penser que vous pouvez atteindre la perfection, tant dans l'Être que dans le Faire. D'autant plus que personne ne s'attend à ce que vous soyez parfait.

Personnellement, je me rappelle à quel point la quête de la perfection a été une obsession pour moi. Durant mes études universitaires, je passais mon temps à me comparer à mes amies. Bien sûr, elles étaient toujours mieux que moi et avaient toujours plus que moi. Dans ma tête, je n'étais donc jamais assez bien, assez bonne, assez fine, assez drôle, etc. J'étais constamment en situation d'échecs. Un jour, n'en pouvant plus, j'ai décidé que c'était fini. J'ai placardé ma chambre de pancartes : « Non à la perfection ! » C'était la façon que mon Insoumise avait trouvé de se rebeller contre la perfection. Je ne suis pas certaine de l'impact que cela a eu, mais c'était un début. C'est plutôt en 2017 que j'ai mis réellement fin à la quête de la perfection quand j'ai réalisé que l'important, ce n'est pas d'être parfaite, mais bien d'être *100 % Alignée 100 % Assumée* !

Enfin, peu importe ce que vous attendez, que ce soit d'être parfait, de tout savoir, d'avoir fini votre formation, de voir tout le chemin devant vous ou encore d'attendre le moment parfait avant de vous lancer et d'investir, vous attendrez longtemps. De plus, vous prenez le risque de passer complètement à côté de bien des opportunités si vous attendez toujours la perfection avant de passer à l'action.

Si vous êtes en affaires, vous ne vous mettez que des bâtons dans les roues avec la perfection. Votre vidéo ne sera jamais assez parfaite pour être mise en ligne. Votre programme ne sera jamais prêt à être lancé. Votre livre ne verra jamais le jour puisque vous pouvez toujours l'améliorer. Ce petit manège peut durer une éternité.

Vous ne pouvez donc pas attendre que tout soit parfait avant de passer à l'action, vous ne faites que retarder votre transformation tout comme les résultats que vous pourriez avoir. Rappelez-vous que vaut mieux des actions imparfaites mais alignées que pas d'action du tout !

Règle d'or nº 9 : Embrassez l'envers de la médaille !

La plupart des personnes rêvent de gagner un million à la loterie ou encore de gagner plus de 100 000 $ par année. Elles croient profondément que tout sera plus facile et qu'elles n'auront plus de problèmes. Cependant, elles ne voient que le beau. En fait, elles ne voient que le dessus de la médaille. Alors que la réalité est tout autre puisque chaque niveau d'expansion, de revenu et de chiffres d'affaires vient aussi avec ses défis. Parce qu'avec la médaille vient toujours l'envers.

Pendant longtemps, de mon côté, je voyais chaque défi comme un problème à régler et je croyais profondément que, dès que j'atteindrais le chiffre d'affaires visé, tous mes problèmes seraient enfin réglés comme par magie. Puis, j'ai augmenté mon chiffre d'affaires une première fois et, non, rien n'avait disparu. Et je l'ai augmenté une deuxième fois et c'était pire encore ! Puis une troisième fois ! OMG ! Je pensais littéralement crouler sous les problèmes !

Toutefois, c'est ce qui m'a permis de réaliser qu'à chaque niveau d'expansion du chiffre d'affaires venait aussi une nouvelle série de problèmes à régler. C'est ce qui m'a fait prendre conscience qu'il était grand temps que je change mon mindset. En fait, il n'y avait jamais eu de problèmes à régler mais seulement des défis à relever. OMG ! Quelle révélation se fut pour moi. Et c'est justement parce que j'ai réussi à les relever que j'ai pu passer au prochain niveau d'expansion et augmenter mon chiffre d'affaires.

Vous ne pouvez donc pas avoir seulement le dessus de la médaille, vous avez également à prendre l'envers qui vient avec. Ainsi, peu importe le revenu ou le chiffre d'affaires que vous visez, il y aura toujours un prix à payer. Il y aura toujours des problèmes à gérer, des responsabilités à assumer et des défis à relever.

Par contre, vous aurez toujours le choix du prix à payer, des risques à prendre, des défis que vous voulez relever. Préférez-vous ceux qui viennent avec 20 000 $, 100 000 $, 500 000 $ ou un million de revenu ou chiffre d'affaires ? C'est à vous seul que revient la décision. Peu importe celle que vous prenez, vous aurez toujours à vous transformer pour atteindre le revenu ou le chiffre d'affaires visé.

Règle d'or nº 10 : Sachez bien vous entourer !

Savoir bien s'entourer, c'est un *must*, et en affaires encore plus, puisque vous êtes la moyenne des cinq personnes avec qui vous passez le plus de temps[82]. C'est même l'un des messages les plus puissants que vous pouvez envoyer à l'Univers. Pourquoi ? Tout est une question de valeur. En fait, plus grande est votre valeur, plus vous chercherez à être bien entouré. Ainsi, en rappelant constamment votre valeur à l'Univers, celui-ci conspirera de plus en plus afin de vous envoyer des personnes qui la reconnaîtront.

À l'inverse, si vous faites tout complètement seul, c'est comme si vous aviez à vous prouver votre valeur en étant capable de réussir seul. Vous avez certainement une blessure d'activée tout comme la croyance que vous devez travailler fort pour y arriver. Cependant, c'est loin d'être le cas. Comme il a été mentionné auparavant, ce n'est que dans l'Être que vous pouvez augmenter votre valeur.

De plus, vouloir réussir seul veut aussi dire vouloir réussir sans l'aide de l'Univers. Ce dernier vous enverra conséquemment des situations où vous devrez effectivement tout faire seul, que ce soit au travail ou à la maison. En affaires, il vous

82 https://fr.wikipedia.org/wiki/Jim_Rohn

enverra des clients qui aspireront à la même chose que vous, donc ils refuseront vos services.

Ainsi, à tout vouloir faire seul, la seule chose que vous êtes certain d'obtenir, c'est l'échec. En effet, personne ne peut réussir seul. Pour atteindre le succès et accéder à la liberté financière, vous devez absolument être bien entouré. Vous avez donc à avoir une équipe de personnes dédiées à vous soutenir dans les différentes sphères de votre vie, que ce soit au niveau de votre corps physique, de votre énergie, de votre spiritualité et de votre Argent. Cela inclut, entre autres, la massothérapeute, l'ostéopathe, le coach de vie, le médium et, bien sûr, le comptable et le planificateur financier! En affaires, cela signifie d'avoir une équipe de soutien au niveau de l'administration et du service à la clientèle, tout comme une équipe de collaborateurs pour vous permettre d'être toujours davantage dans votre zone de génie.

Règle d'or nº 11 : Changez vos croyances !

Changez vos croyances et vous changerez vos résultats, c'est aussi simple que ça. Rappelez-vous, tel qu'on a vu au chapitre 6, la réaction en chaîne qui se produit à partir de vos croyances. Ces dernières génèrent certaines pensées puis des émotions en vous, lesquelles vous propulsent dans un certain mindset. À partir de cet état d'esprit, vous aurez à prendre certaines décisions, lesquelles détermineront ensuite les actions à poser et, par le fait même, les résultats que vous obtiendrez et le revenu que vous gagnerez. Si vous voulez changer de résultats, changez d'abord vos croyances. À cet effet, voici les trois premières croyances à changer selon T.Harv Eker[83].

---

83 https://www.youtube.com/watch?v=X93NZL1GpEc

La première croyance à avoir est celle de croire en vous, de croire que vous pouvez atteindre votre objectif. La deuxième consiste à croire en vos capacités d'y arriver. Peut-être que vous n'êtes pas capable de le faire pour demain matin, mais croyez que vous serez capable un jour, même si vous ne savez pas encore comment vous ferez. Enfin, la troisième est de croire que vous êtes assez bon, intelligent, brillant, gentil, etc., pour y arriver. Beaucoup de gens ne croient pas « être assez » pour cela. Bref, pour atteindre vos objectifs, croyez d'abord en vous, en vos capacités et croyez que vous *êtes assez* pour y arriver.

Règle d'or nº 12 : Éduquez-vous financièrement !

Comme le dit si bien Robert Kiyosaki[84] : « Une personne peut être très instruite, réussir professionnellement et être analphabète sur le plan financier. » Ainsi, peu importe votre degré de scolarité, vous pouvez avoir même un doctorat et ne pas être plus en mesure de réussir financièrement tout simplement parce qu'aucune éducation financière n'est offerte à l'école. Ainsi, personne n'apprend aux enfants à gérer et à économiser leur Argent, encore moins à en faire et à devenir riche. Vous avez donc la pleine responsabilité de votre éducation financière comme celle de vos enfants.

Si vous voulez suivre des formations à ce sujet, les finances sont un monde en soi et les possibilités d'apprentissages sont infinies. Prenez donc le temps d'augmenter vos connaissances financières comme de vous trouver un bon planificateur et conseiller financier. Vous pourrez lui poser toutes vos questions et il pourra vous accompagner dans vos apprentissages.

---

84 Kiyosaki, Robert. *Père riche, père pauvre*, *Ibid.*

Personnellement, pendant des années, parler Argent était mon pire sujet. En fait, dès que je parlais à mon planificateur financier, je commençais à avoir la tête qui tournait et à perdre toute mon énergie. J'étais incapable de soutenir le sujet, tellement je n'avais pas d'intérêt, je ne comprenais rien et ça m'insécurisait. En fait, je basculais dans l'impuissance totale.

Un jour, voyant mon planificateur un peu découragé de mon état, j'ai décidé de prendre le taureau par les cornes et j'ai pris toutes les formations que j'ai trouvées, au moins une par année pendant dix ans ! Maintenant, je peux avoir toutes les conversations que je veux, je reste dans ma puissance, je suis même excitée de parler d'Argent et de voir les options que j'ai devant moi ! Tout un changement ! D'ailleurs, si on m'avait dit qu'un jour j'écrirais un livre sur ce sujet, je n'y aurais jamais cru !

Vous pouvez également faire comme Robert Kiyosaki a fait et étudier les riches. C'est d'ailleurs ce qu'il raconte dans son livre *Père riche, père pauvre*[85]. En lisant tous les livres des gens qui sont devenus riches, vous apprendrez comment ils ont réussi à accéder à la liberté financière et vous pourrez mettre en application ce que vous découvrirez.

Enfin, parlez avec des riches, entourez-vous de gens riches, regardez-les vivre et vous apprendrez comment ils pensent, ils agissent et ils vivent. Vous découvrirez leurs croyances, leurs habitudes, leur mindset comme les vôtres. Non seulement vous pourrez changer vos croyances, vos habitudes et votre mindset, mais aussi transformer votre relation avec l'Argent. Vous réaliserez à quel point, finalement, les riches sont comme vous et moi, et que la liberté financière est beaucoup plus accessible que vous ne pouvez l'imaginer.

---

85 *Ibid.*

Règle d'or nº 13 : Augmentez et créez de la valeur !

Pour accéder à la liberté financière, vous avez à augmenter et à créer de la valeur, autant dans votre quotidien, au travail qu'en affaires, comme nous l'avons vu au chapitre 5. Pour y arriver plus rapidement, créez de la valeur en investissant dans l'immobilier, à la Bourse ou en affaires, que ce soit en personne ou en ligne. Peu importe le secteur que vous choisirez, vous aurez d'abord besoin d'une certaine mise de fonds pour pouvoir vous lancer. C'est un peu comme si vous vouliez aller au restaurant ou au casino, voir un spectacle ou faire partie d'un club de golf prestigieux, vous devez d'abord avoir une mise de fonds à mettre, sans quoi vous ne pourrez pas entrer.

Au niveau de l'immobilier, vous aurez, par exemple, à investir de l'Argent pour acheter soit un condo ou un triplex, à moins que vous décidiez de transformer le sous-sol de votre maison en appartement à louer. Il existe bien des possibilités. Personnellement, j'en ai testé plusieurs. J'ai été deux fois propriétaire occupant où je louais une partie de la maison qui avait été convertie en logement. J'ai aussi loué des chambres dans ma résidence familiale. Dans tous les cas, j'ai vécu de belles et de moins belles expériences.

Avec le recul, je réalise que je manquais littéralement de connaissances dans ce secteur. J'étais motivée par l'Argent que cela allait me procurer à court terme, alors que l'immobilier est un investissement à long terme. J'aurais eu besoin d'être formée et accompagnée au lieu de me lancer dans le vide. Cela m'aurait évité bien des erreurs. Je n'avais pas non plus les reins assez solides financièrement ni le bon mindset pour gérer tout ce qui venait avec l'immobilier. Je ne dis pas que je ne me relancerai pas, cependant, ce ne sera pas dans les mêmes conditions si j'ose aller de l'avant à nouveau dans ce secteur.

Pour ce qui est de la Bourse, encore une fois, vous devez être en mesure d'investir et de suivre le marché boursier et vos investissements. Vous devez donc aimer assez l'Argent pour la suivre quotidiennement et vous former dans le domaine. Personnellement, je n'ai eu qu'une expérience dans ma jeune vingtaine où j'ai perdu les quelques milliers de dollars que j'avais investis. Une expérience plutôt décevante mais encore là, je n'avais pas ce qu'il fallait pour aller sur ce terrain de jeu. Il manquait tout, soit les connaissances, le mindset, l'intérêt et le mentor. Par une belle synchronicité, j'ai récemment été initié à la Bourse. J'ai réalisé à quel point c'est un tout autre monde et je commence à peine à le découvrir. C'est à suivre!

Si vous faites le choix de vous lancer en affaires, vous pouvez soit avoir une entreprise réelle, c'est-à-dire avec pignon sur rue, soit une entreprise totalement en ligne. Si vous choisissez une entreprise avec pignon sur rue, vous aurez besoin d'une bonne mise de fonds et probablement même de financement, lequel vous obtiendrez avec un plan d'affaires. Les démarches peuvent être beaucoup plus laborieuses. À l'inverse, si vous optez pour une entreprise en ligne, vous pouvez commencer tranquillement avec un investissement minimum. Toutefois, dans un cas comme dans l'autre, vous devez être en mesure éventuellement de générer des revenus passifs afin de ne plus être obligé de travailler constamment. C'est là que vous serez mis au défi.

Si vous vendez des produits, vous devez vous assurer de réduire au maximum les coûts de production, de main-d'œuvre, de distribution, de manutention et de livraison. Plus ceux-ci seront élevés, plus votre marge de profit sera mince. Si vous êtes vous-même l'artisan de vos propres produits, vous devrez être en mesure de déléguer la production en série pour vous consacrer seulement sur la création de nouveaux produits. Si vous optez pour avoir votre boutique en ligne, vous pourrez tout faire à partir de la maison. Ainsi, au lieu de devoir payer des frais fixes de loyer, d'électricité, etc., vous pourrez maximiser vos investissements sur votre site web, votre visibilité et vos publicités en ligne.

Personnellement, j'ai grandi dans la boutique de produits naturels de ma mère et à travers une tonne d'articles. Ma mère faisait affaire avec plus de 300 compagnies, ce qui est énorme considérant la grosseur de la boutique. De nouvelles commandes arrivaient continuellement. Il fallait vérifier les commandes, «étiqueter» les produits (c'était avant l'arrivée des lecteurs de code-barres!), les placer sur les tablettes, etc. C'était un vrai magasin général à l'ancienne qui ressemblait littéralement à la caverne d'Alibaba tellement il y avait de produits. Ma mère faisait également des consultations comme naturopathe, masso-kinésithérapeute dans son bureau.

Elle avait donc un double modèle d'affaires dans lequel, d'une part, elle a opté pour une stratégie de plusieurs petits départements de divers produits ultraspécialisés et, d'autre part, offrir un service de consultation en individuel. Elle a su s'entourer d'une équipe d'employés solides et fiables. Ce qui lui a permis de pouvoir récupérer du temps pour elle et de ne pas être le goulot d'étranglement de sa propre entreprise.

Si, à l'inverse, vous êtes votre propre goulot d'étranglement, vous ne pourrez pas maintenir le rythme longtemps et vous ne serez pas en mesure d'accéder à la liberté financière. Par exemple, si vous offrez des services individuels à titre de coach, thérapeute, etc., vous aurez un maximum de clients que vous pourrez prendre par jour et si vous devez vous absenter pour une journée, vous n'aurez aucun revenu. Vous atteindrez rapidement vos limites, que ce soit en temps, en énergie et en revenus. Personnellement, j'ai atteint cette limite plus d'une fois, ce qui m'a forcée à devoir redéfinir mon modèle d'affaires.

Vous aurez donc besoin de mettre en place un modèle d'affaires qui vous permettra de sortir du modèle à l'heure pour entrer dans un modèle à la valeur. Ainsi, au lieu de vendre votre temps, vous vendrez de la transformation. C'est ici qu'offrir vos services en ligne peut devenir vraiment intéressant.

Vous devez aussi décider si vous voulez un modèle d'affaires orienté quantité ou qualité, voire haut de gamme. Si vous optez pour la quantité, vous favorisez des stratégies qui vous permettront d'attirer un maximum de clients pour un prix relativement bas, tout en offrant une certaine qualité et valeur, bien sûr. Si, à l'inverse, vous choisissez le haut de gamme, vous opterez pour des stratégies qui vous permettront d'attirer une clientèle plus ciblée, nichée et avancée, qui sera prête à investir beaucoup plus d'Argent pour avoir un maximum d'exclusivité et de valeur avec vous.

Enfin, peu importe que votre entreprise ait pignon sur rue ou soit en ligne, vous devrez être en mesure de déléguer un maximum de tâches à vos employés ou à des sous-contractants. Vous aurez aussi à mettre en place des systèmes dans lesquels tout sera automatisé. C'est ainsi que vous pourrez goûter aux joies de faire de l'Argent pendant que vous dormez !

Règle d'or n° 14 : Ayez une vision claire !

Pour accéder à la liberté financière, vous devez avoir une grande vision claire tant de ce que représente la liberté financière pour vous que de comment vous voulez apporter votre contribution au monde. L'une ne va pas sans l'autre puisque c'est en accédant à la liberté financière que vous pourrez apporter votre plus grande contribution sur la planète.

Votre grande vision est donc liée à votre grand pourquoi, à savoir pourquoi vous vous levez chaque matin. Elle porte vos plus grandes aspirations. Elle dévoile votre essence et votre mission. Elle est le reflet de votre âme. C'est donc grâce à elle que, jour après jour, vous avancerez dans la joie et la facilité, vous passerez à travers les passages obligés et vous persévérerez, peu importe les défis que vous rencontrerez. Votre grande vision n'étant pas « coulée dans le béton », elle évoluera avec vous avec le temps.

Ainsi, plus elle est claire, plus vous vous alignerez pour la manifester. Au contraire, sans vision, vous aurez l'impression de tourner en rond sans savoir le prochain pas à faire pour sortir de là. Rappelez-vous que votre grande vision, c'est le moteur de vos actions. De plus, je compare souvent la grande vision à l'image sur la boite du casse-tête. Il est beaucoup plus facile de faire le casse-tête lorsque l'image sur la boite est claire, n'est-ce pas ? C'est la même chose pour votre grande vision. Plus vous aurez une grande vision claire, nette et précise, plus vous avancerez et la manifesterez rapidement.

Personnellement, j'ai toujours eu de grandes visions. Avec le temps, j'ai réalisé que plus mes visions sont grandes, voire grandioses, plus je suis portée par elles. C'est ce qui me propulse dans l'action jour après jour afin de les manifester dans la matière. Et plus je suis dans l'action, plus je les peaufine et plus l'Univers conspire de son côté pour m'aider à les réaliser. Par exemple, bien que mon objectif financier des cinq dernières années est d'atteindre un million de chiffre d'affaires avant le 31 décembre 2021, ce que je voulais avant tout, c'est d'être indépendante financièrement.

Cependant, qui dit indépendance financière dit aussi beaucoup de travail, comme manque d'énergie et de temps avec ceux que l'on aime. Ce que j'ai d'ailleurs trop expérimenté souvent, ayant une Dirigeante un peu trop « workaholique ». Celle-ci a de la difficulté à s'arrêter et à accorder des moments à ma Romantique pour se la couler douce. J'ai donc dû réaligner mes deux AF avec les forces de chacun afin de récupérer du temps pour moi. Maintenant, pour ne pas tomber dans le piège, je me réserve des moments de Romantique dans mon agenda. Je m'assure ainsi d'être dans la bienveillance pour moi à tous les jours.

Au moment même où j'écris ce chapitre, je réalise non seulement que j'ai bel et bien atteint finalement l'indépendance financière depuis 2017, mais encore plus, que c'est la liberté financière que je veux vraiment. Comme la majorité des gens, j'ai trop longtemps cru à tort que c'était la même chose et la vie s'est chargée de me montrer assez rapidement les impacts si je continuais dans la ligne de l'indépendance.

En effet, en octobre 2020, alors que j'étais au cœur de l'écriture de mon livre, je me suis présentée en pleine nuit à l'hôpital avec des maux de ventre insoutenables. J'ai dû me faire opérer d'urgence pour me faire retirer la vésicule biliaire. Cette expérience a été l'une des plus initiatiques de ma vie pour plusieurs raisons. Entre autres, l'Univers m'a gentiment rappelé que, même avec l'indépendance financière, lorsque la santé n'y est plus, impossible de contribuer car la vie ne fait plus de sens. Tout à coup, tout mon temps est devenu hypothéqué à attendre, puis à récupérer de ma chirurgie. Cette expérience m'a donc permis de revoir ma vision et de redéfinir complètement mes objectifs financiers. Puis, de mettre en place un plan de match pour accéder à la liberté financière et à une vie riche de sens, où j'ai autant l'Argent, la liberté que l'énergie et où mon mindset ne se limite plus à seul million mais s'ouvre à plusieurs millions. Et, bien sûr, en travaillant de moins en moins et en contribuant de plus en plus!

Vous devez donc avoir une vision claire de la liberté financière et de la contribution que vous voulez apporter. Si vous étiez déjà libre financièrement, à quoi ressemblerait votre vie? Quel style de vie auriez-vous? Que feriez-vous de votre temps? de votre Argent? de votre énergie? Comment apporteriez-vous votre contribution? C'est à la lumière de vos réponses que vous pourrez déjà apporter des changements pour vous rapprocher un peu plus chaque jour de vos visions. Toutefois, vous n'avez pas besoin de connaître le chemin, puisque celui-ci se dessinera au fur et à mesure que vous avancerez.

L'important est donc de faire un pas de plus chaque jour vers votre liberté financière. C'est ainsi que vous réduirez l'écart entre ce que vous voyez et ce que vous voulez manifester dans la matière. Laissez l'Univers s'occuper du « quand » vous y accéderez. Vous n'avez pas de contrôle sur ce point, par contre, vous avez du contrôle sur ce que vous vibrez. Ainsi, dès aujourd'hui, choisissez de vibrer la liberté financière. Plus vous la vibrerez et plus vous serez en mesure de la manifester rapidement dans la matière.

Règle d'or nº 15 : Épargnez !

Selon vos AF, vous aurez plus ou moins de facilité à épargner. En fait, plus vous avez d'AF terrestres, plus ce sera facile pour vous. Si vous avez l'Accumulateur, vous avez le roi ou la reine de l'épargne en main, ce sera un jeu d'enfant, à moins que vous ayez également un Insoumis qui décide de prendre des risques.

Pour épargner, vous devez d'abord arrêter de dépenser et commencer à récupérer de l'Argent. En notant toutes vos entrées et vos sorties mensuelles d'Argent, vous serez en mesure de réviser vos dépenses. Ainsi, faites le tour de vos dépenses fixes et variables. Renégociez vos dépenses fixes lorsqu'elles viennent à échéance telles que les assurances auto, habitation et vie, tout comme l'hypothèque. Magasinez pour vos différents forfaits, que ce soit de cellulaire, d'Internet, etc. Évaluez comment vous pouvez diminuer vos coûts d'électricité. Parfois, de petites améliorations peuvent faire toute la différence.

Évaluez ensuite vos besoins en vous posant la fameuse question que j'adore de Pierre-Yves McSween[86] : *En as-tu vraiment besoin ?* Pour ce faire, regardez vos dépenses variables. Où pouvez-vous couper temporairement ? Combien d'Argent pouvez-vous récupérer par mois en café, resto, cigarettes, alcool, maquillage, livres, essence, vêtements, coiffure, ongles, etc. Réduisez vos dépenses variables le plus que vous pouvez. Faites la distinction entre vos réels besoins et vos désirs. Ces derniers peuvent toujours attendre.

Puis, faites-vous un nouveau budget. Automatisez l'épargne. Faites la différence entre les bonnes dettes, quand vous faites un investissement, et les mauvaises dettes, qui sont pour des dépenses. Placez votre Argent en travaillant avec un conseiller financier, pas n'importe quel. Prenez le temps de magasiner et de trouver le bon expert qui répondra à vos critères et vos besoins.

Pour finir, déterminez vos priorités et décidez où et comment vous voulez investir votre Argent. Faites des choix de vie alignés avec qui vous êtes vraiment, avec le style de vie que vous voulez vivre. Il ne s'agit donc pas de faire des sacrifices, mais de faire des choix de vie qui vous rapporteront à long terme plutôt qu'à court terme. Votre vie d'aujourd'hui est le résultat des choix que vous avez faits dans le passé.

Imaginez récupérer 500 $ par mois de vos dépenses variables et les investir en vous. Comment vous sentiriez-vous ? Personnellement, c'est ce que j'ai fait en 2010. J'ai coupé partout où je le pouvais et j'ai récupéré assez pour pouvoir payer ma formation en coaching professionnel, puis me lancer en affaires par la suite. Épargner vous ouvrira des portes et vous permettra de saisir alors de nouvelles opportunités.

---

86 McSween, Pierre-Yves. *En as-tu vraiment besoin ?,* Guy St-Jean Éditeur, 2016, 368 pages.

Enfin, avez-vous une petite idée du chiffre magique qui vous permettrait d'accéder à la liberté financière? Pour le découvrir, vous avez besoin de savoir exactement combien vous dépensez mensuellement pour répondre à tous vos besoins. Puis, divisez ce montant sur trente jours afin de savoir combien d'Argent vous avez besoin chaque jour pour y arriver. Par exemple, si vos dépenses sont à 6 000 $ par mois, vous avez besoin de 200 $ dans vos poches par jour pour être libre financièrement. Pour y arriver, soit vous l'économisez, soit vous gagnez plus d'Argent, ou encore vous faites les deux! Bien sûr, vous devez tenir compte que ce montant est net, donc après toutes déductions imposables.

Règle d'or nº 16 : Payez-vous en premier !

Personnellement, j'aurais aimé apprendre ce principe quand j'ai commencé à travailler. J'aurais économisé beaucoup plus d'Argent tout en m'obligeant à faire autrement de ce que j'ai fait, car j'ai pris cet Argent pour payer bien des factures et pour répondre à tous mes désirs sans me poser trop de questions. Mais malheureusement, comme le dit si bien Robert T. Kiyosaki[87] : *« Les gens pauvres ont de mauvaises habitudes. Une des habitudes fréquentes chez eux est appelée innocemment 'Puiser dans ses économies'. Les gens fortunés savent que les économies ne servent qu'à gagner plus d'argent, et non pas à payer les factures. »*

C'est exactement ce que j'ai fait et, comme tout dans la vie, cela à un prix. Il est donc impossible de revenir dans le passé pour changer la donne. Si vous réalisez que vous avez fait la même erreur que moi, pardonnez-vous, assumez vos responsabilités, prenez vos finances en main et transformez votre relation avec l'Argent. Vous avez encore le contrôle sur le futur.

---

87 Kiyosaki, Robert. *Père riche, père pauvre*, *Ibid.*

Commencez donc dès aujourd'hui à vous payer en premier. Cela vous obligera à penser autrement, à user de créativité, à trouver de nouvelles solutions pour générer l'Argent nécessaire qui vous permettra de rencontrer vos obligations financières. De plus, vous envoyez le message le plus puissant que vous pouvez à l'Univers. Votre valeur est tellement grande que vous méritez de vous payer en premier. L'Univers ne peut que conspirer à la même puissance que vous.

Règle d'or n° 17 : Diversifiez vos sources de revenus !

Assurez-vous de toujours avoir plusieurs sources de revenus et non de dépendre d'une source seulement. Par exemple, vous avez votre salaire de base, c'est parfait. Maintenant, créez de nouvelles sources de revenus, idéalement des revenus passifs, où l'Argent travaillera pour vous et non l'inverse.

À court terme, faites le tour de chacune des pièces de la maison et vendez tout ce qui n'a pas servi depuis plus d'un an. Organisez une vente de garage ou utilisez Facebook. Vous pouvez facilement vendre pour plusieurs milliers de dollars en 24 à 48 heures. D'autant plus que vous ferez de la place pour que l'Univers vous envoie tout ce qui est plus aligné avec vous !

À moyen terme, si vous n'êtes pas déjà en affaires, évaluez vos différentes options, soit l'immobilier, la Bourse ou encore commencez à offrir vos services dans un domaine pour lequel vous avez déjà des compétences. Testez le marché. Voyez comment les gens répondent à votre offre. Si vous êtes déjà en affaires, commencez par augmenter vos prix. Puis, créez de nouveaux forfaits, des programmes, des ateliers. Organisez une conférence pour attirer des clients en personne ou sur le web. Envoyez une offre spéciale à votre liste de courriels. Faites une promotion en magasin.

À long terme, investissez! Que ce soit en immobilier, à la Bourse, en vous ou en votre entreprise. Prenez des formations et du coaching. Attention, il y a une grande différence entre les deux. Comme mentionné auparavant, une formation vous forme alors que le coaching vous transforme. Faites évoluer votre modèle d'affaires pour créer toujours plus de revenus passifs.

Règle d'or nº 18 : Incarnez vos Archétypes Financiers !

Connaître vos AF ne suffit pas pour atteindre la liberté financière. Vous devez vous aligner avec eux, les assumer et les incarner pleinement dans la matière. Pour ce faire, misez sur les forces de vos trois premiers AF. Activez les dons de votre dernier AF. Assurez-vous qu'ils collaborent ensemble de façon harmonieuse et fluide. Faites-les rayonner dans leur lumière. Évitez de basculer dans leur côté plus ombrageux. Mettez en place les stratégies d'affaires qui seront alignées avec vos AF et qui vous permettront de prendre de plus en plus d'expansion. C'est un travail du quotidien et c'est l'une des meilleures stratégies pour accéder à la liberté financière rapidement.

Personnellement, c'est ce que je fais continuellement, m'aligner avec eux à tous les jours, les intégrer pour mieux les incarner. C'est un art en soi et c'est votre responsabilité de le faire. J'ai eu besoin de plusieurs années pour sortir chacun de mes AF de leur piège. C'est ainsi que j'ai amené tout doucement ma Dirigeante à travailler moins pour être plus efficace, à s'entourer d'une équipe solide et à créer toujours plus de valeur. J'ai sorti mon Accumulatrice de son insécurité pour l'amener à créer ma liberté financière. J'ai apaisé la rebelle en moi pour pouvoir utiliser la créativité au maximum de mon Insoumise, me démarquer et enfin sortir du lot complètement. J'ai activé ma Romantique pour prendre soin de moi, jouer plus et profiter davantage de la vie dans le moment présent.

Chemin faisant, non seulement j'ai changé mon mindset et transformé ma relation avec l'Argent mais j'ai aussi augmenté considérablement ma propre perception de ma valeur. J'ai pu aussi créer un summum de valeur partout autour de moi, dans ma vie personnelle comme dans mon entreprise.

Malheureusement, la plupart des gens sous-estiment la puissance des AF. Ils préfèrent de loin contenter leur ego curieux de savoir quels sont leurs AF sans faire d'efforts supplémentaires. Cependant, la réelle valeur et leur toute-puissance ne pourront être révélées que dans l'expérience de leurs AF au quotidien.

Règle d'or nº 19 : Aimez l'Argent !

Je sais que ça peut faire peur à plusieurs mais ne vous inquiétez pas, vous n'aimerez jamais trop l'Argent. Rares sont ceux qui entretiennent un amour démesuré, voire obsessionnel envers l'Argent. Alors, à partir de maintenant aimez l'Argent !

Aimez-le comme si c'était l'un de vos enfants. Prenez soin de votre Argent. Gardez-le dans un beau portefeuille qui vous représente. Mesdames, ne mettez pas votre sac à main par terre. Placez-le à sa juste hauteur, à sa juste valeur. Ne laissez pas non plus la monnaie traîner un peu partout. Rassemblez-la dans un beau plateau ou dans un vide-poche.

Suivez votre Argent. Suivez vos revenus quotidiennement. Ainsi, plus vous suivez vos revenus, plus ils augmenteront. Rappelez-vous que là où va votre attention, c'est ce qui prendra de l'expansion, sauf vos dépenses. Ainsi, mettez toute votre attention sur l'Argent. Par exemple, utilisez des rappels positifs par rapport à l'Argent, que ce soit par la sonnerie de votre téléphone, vos mots de passe, votre écran de veille, etc.

Utilisez l'Argent que vous avez déjà à votre disposition, que ce soit des cartes-cadeaux, des certificats-cadeaux, des billets de loterie gagnants, des programmes de points. Déposez les chèques qui ne l'ont pas encore été. Faites-vous rembourser les achats qui doivent l'être. Ne laissez rien en attente.

Enfin, parlez d'Argent avec amour. Choisissez des mots qui l'élèvent. Reconnaissez sa valeur. Voyez-le comme un objet sacré. Comme je vous l'ai déjà dit, l'Argent est votre plus grand outil spirituel pour changer le monde. Alors, utilisez-le pour le mieux-être de l'humanité. Soyez dans la bienveillance pour servir l'amour et la lumière avec votre Argent. Bénissez votre Argent comme tout ce qui sera accompli avec lui.

Règle d'or n° 20 : Célébrez et remerciez !

Voyez déjà l'abondance partout autour de vous, partout où elle est déjà, que ce soit pour le soleil, l'eau, les beautés de la nature, etc. Entrez en gratitude pour toute l'abondance que vous expérimentez déjà à différents niveaux, que ce soit au niveau de votre santé, de vos enfants, de votre couple, de vos passions, de l'Argent que vous avez actuellement, etc.

Comme il est mentionné au chapitre 6, l'abondance est avant tout un état d'Être et d'expansion dans lequel vous attirez l'abondance sous toutes ses formes. C'est votre droit de naissance que de vivre dans l'abondance. Il y en a assez pour tout le monde. Ce droit est lié à l'Être que vous êtes comme à votre valeur perçue. Comme on l'a dit précédemment, il n'a rien à voir avec ce que vous faites ou ne faites pas.

Il n'y a rien de mieux que de vibrer l'Abondance pour créer encore plus d'abondance. En fait, plus vous vibrez l'abondance tout comme l'amour, la paix, la joie, la grâce, plus vous devenez cet aimant qui en attirera encore plus. Puis, célébrez et remerciez pour toute l'abondance de laquelle vous vous donnez le droit de vivre, car plus vous manifesterez votre gratitude, plus vous dites à l'Univers : « J'en veux encore ! » C'est exactement le pourquoi de l'Action de grâce[88]. Non seulement cette fête vient célébrer les récoltes de l'été, mais elle vient surtout installer un état d'abondance et de grâce.

Ainsi, pour chaque pas que vous faites qui vous rapproche de la liberté financière, que ce soit une formation ou un coaching que vous venez de terminer, une transaction bancaire ou une rentrée d'Argent importante, une nouvelle acquisition immobilière, un nouveau contrat ou client, une promotion, un montant d'Argent qui arrive auquel vous ne vous attendiez pas, célébrez et remerciez.

Mais encore, exprimez même votre reconnaissance pour chaque facture que vous recevez. Derrière chacune d'elles correspond des bénédictions que vous avez déjà reçues, comme le fait d'avoir une maison, des vêtements, de la nourriture, de l'électricité et de la chaleur. Remerciez pour chaque facture que vous payez, chaque chèque ou virement que vous faites. Remerciez même pour les taxes et l'impôt que vous payez.

Entrez en connexion avec l'Univers et connectez-vous sur les différents canaux d'abondance. Rappelez-vous que l'Univers passera par divers canaux pour vous envoyer le revenu correspondant à votre valeur, que ce soit votre salaire, vos clients, un retour d'impôts, un chèque à la poste, un héritage, un programme de subvention, etc.

Acceptez donc tous les canaux, même si vous avez une préférence pour un en particulier. Par exemple, si vous voulez quitter votre travail pour être entrepreneur, il y a de fortes probabilités que vous ne voyez que le canal *clients* et que vous ne vouliez pas voir les autres. Acceptez que, pour le moment, votre salaire est le canal principal, tout comme possiblement votre partenaire, le temps que le canal clients soit

---

88 https://fr.wikipedia.org/wiki/Action_de_grace

de plus en plus actif. Voyez aussi votre employeur comme le plus gros client de votre entreprise et servez-le de cette façon. Pensez aussi à célébrer chaque nouveau client que vous avez, vous activerez encore plus rapidement votre canal clients. Dites à l'Univers que vous voulez plus de clients comme ça, et que vous souhaitez que ce soit votre nouvelle réalité.

Jouez à « faire comme si » et faites comme si vous étiez déjà dans la liberté financière. Vivez comme si vous étiez déjà riche. Adoptez de plus en plus le style de vie que vous voulez avoir, que ce soit au niveau des activités, des vêtements, de l'alimentation, des habitudes de vie, etc. Par exemple, portez déjà les vêtements et le parfum que vous désirez. Gâtez-vous. Faites tous vos choix de vie à partir de la liberté financière.

Soyez généreux. Donnez de votre temps, de votre énergie et surtout de votre Argent. Vous verrez à quel point donner de votre Argent est une expérience tellement enrichissante et excitante. C'est comme jouer au père Noël l'espace d'un instant et assister à la magie qui opère en donnant ses cadeaux. Vous verrez la joie naître dans les yeux et le cœur des gens.

De plus, le message que vous envoyez à l'Univers est tellement puissant. Imaginez, vous avez tellement confiance en lui que vous pouvez donner de l'Argent à l'avance. Vous êtes dans la certitude absolue qu'il continuera de vous soutenir et qu'il conspirera pour être à la hauteur de vos dons. Donner de l'Argent est la plus grande manifestation d'abondance que vous pouvez vivre.

Par contre, ne donnez jamais au détriment de vous-même, comme peut si bien le faire le Nourricier qui a basculé dans son côté mère Teresa. Vous devez donner à partir de l'état d'abondance, et non de manque, dans lequel vous êtes. Plus vous donnez, plus vous aiderez les autres. Plus vous contribuez et plus vous attirez encore plus d'Argent. C'est une boucle infinie qui vous mènera tout droit vers la liberté financière.

Enfin, vous avez à vibrer la liberté financière bien avant d'y accéder puisque tout se place d'abord dans l'énergie avant de se manifester dans la matière. D'ailleurs, j'aime beaucoup la vision de Max Piccinini[89] à ce sujet :

« Vous n'avez pas besoin d'être libre financièrement pour vous sentir libre financièrement. Vous devez commencer à vous sentir libre financièrement pour pouvoir le devenir. »

Ainsi, célébrez et remerciez déjà pour la liberté financière que vous expérimentez déjà. Puis, faites des actions qui vous permettront de vous sentir de plus en plus libre financièrement. De son côté, l'Univers conspirera en vous envoyant toutes les opportunités pour y arriver. Assurez-vous de les voir et de les saisir tout comme de les célébrer et les remercier avant même qu'elles se soient manifestées.

Règle d'or nº 21 : Apportez votre contribution !

C'est en accédant à la liberté financière que vous pourrez apporter votre plus grande contribution au monde. C'est effectivement en étant maître de votre temps, de votre Argent et de votre énergie que vous pourrez choisir où vous voulez contribuer, comment et quand vous contribuez. D'ailleurs, plus vous avez de temps, plus vous avez de l'énergie et plus vous avez d'Argent, plus vous pourrez apporter votre contribution. Votre contribution ne pourra jamais être plus grande que votre liberté financière.

Assurez-vous de viser une vie aussi riche de sens que financièrement. Seule votre contribution peut vous amener cette vie riche de sens. En effet, si faire de l'Argent était nécessaire auparavant pour assurer votre survie ainsi que celle de votre famille,

---

89 https://www.maxpiccinini.com/quest-liberte-financiere-latteindre/

dès que votre survie n'est plus un enjeu, d'autres motivations doivent prendre la relève pour faire de l'Argent, sans quoi, votre vie ne fera plus de sens.

C'est d'ailleurs quand l'Argent est un objectif et une finalité en soi qu'il apporte une vie vide de sens. À l'inverse, lorsqu'il est un moyen pour contribuer davantage, l'Argent apporte du sens à votre vie. C'est donc par votre contribution que vous aurez une vie riche de sens. Quelle contribution voulez-vous apporter ? Quelle mission voulez-vous réaliser ? Quelle différence voulez-vous faire dans le monde ? Que voulez-vous léguer à vos arrière-petits-enfants comme à l'humanité ? C'est en apportant votre plus grande contribution que vous aurez une vie riche de sens.

Par exemple, Bill Gates[90] qui, après avoir fait sa fortune dans l'informatique, a créé avec sa femme la Fondation Bill et Melinda Gates[91]. Depuis, ils consacrent leur vie à améliorer les soins de santé et réduire l'extrême pauvreté à l'échelle mondiale. Ils font partie des millionnaires éveillés, comme les nomme Joe Vitale[92] les qualifie. Comme il est mentionné précédemment, les millionnaires éveillés sont des êtres qui sont spirituellement riches et qui se servent de leur Argent comme d'un outil pour réaliser leur mission. Ainsi, plus ils ont de l'Argent, plus ils peuvent réaliser leur mission dans sa plus pleine expression et apporter leur plus grande contribution au monde.

L'Univers a d'ailleurs placé récemment sur mon chemin un de ces millionnaires éveillés.

Un homme des plus inspirants, qui est pleinement dans la liberté financière, qui apporte sa plus grande contribution au monde et qui a une vie riche de sens. Sa rencontre a été

---

90 https://fr.wikipedia.org/wiki/Bill_Gates

91 https://fr.wikipedia.org/wiki/Fondation_Bill-et-Melinda-Gates

92 https://www.amazon.ca/-/fr/Joe-Vitale/dp/1119264162/

pour moi l'une des plus grandes révélations. Elle m'a confirmé à quel point tout forme un tout dans l'Univers et à quel point tout se joue dans la matière. En effet, que ce soit de l'Argent ou votre contribution, c'est la même chose, simplement dans deux dimensions différentes. L'Argent étant au niveau de l'Avoir, alors que la contribution est au niveau de l'Être.

Enfin, acceptez de manifester le Grand Plan de l'Univers. Servez à partir de vos intentions, de vos visions, de vos valeurs et de vos forces, de même que de vos talents, de vos dons et de votre mission. Cocréez avec l'Univers. Choisissez de servir la lumière en tout temps. Élevez les consciences et contribuez. Faites en sorte de quitter le plan terrestre dans un meilleur état qu'à votre arrivée sur terre. Faites de votre Argent le plus grand outil spirituel pour y arriver.

Pour terminer ce chapitre, vous connaissez maintenant les 21 règles d'or pour accéder à la liberté financière et avoir une vie riche de sens. Il vous revient la responsabilité de les appliquer à tous les jours et dans toutes les sphères de votre vie. Elles touchent autant les dimensions de l'Être, du Faire que de l'Avoir. Elles forment un tout. C'est ainsi que, petit à petit, vous transformerez votre relation avec l'Argent, vous augmenterez votre valeur, puis vous serez en mesure de gagner plus d'Argent, d'accéder à la liberté financière et avoir une vie riche de sens. À partir d'aujourd'hui, c'est donc à vous de jouer !

CONCLUSION

« Notre esprit est l'actif le plus puissant et le plus unique que nous possédons tous. S'il est bien entraîné, il peut produire d'énorme richesse. Un esprit qui n'est pas entraîné peut, en revanche, produire une extrême pauvreté s'il la transmet aux générations futures de sa famille. »

Robert Kiyosaki

L'Argent ! Personne n'ose en parler, mais tout le monde en veut ! Comme nous l'avons vu tout au long de ce livre, il existe une multitude de raisons qui font que l'Argent demeure encore aujourd'hui un tabou et que la majorité des gens ne réussissent pas à Avoir une bonne une relation avec l'Argent.

Maintenant, question de bien boucler la boucle, je vous ramène au tout début du livre, où je vous ai posé plusieurs questions, à savoir : *Voulez-vous de l'Argent ? Voulez-vous plus d'Argent ? Aimez-vous l'Argent ?* Je vous invite à prendre un moment pour revenir sur vos premières réponses et à les comparer avec vos réponses d'aujourd'hui. Rappelez-vous à quel point l'Argent est sacré et que c'est avec beaucoup d'amour que vous avez à en prendre soin, comme vous le feriez avec vos enfants. L'Argent agit d'ailleurs comme eux. Il va où il se sent aimé, apprécié et reconnu. Ne soyez donc pas gêné de dire que vous aimez l'Argent. Soyez en paix avec lui. Prenez-en soin.

Je vous repose également cette question : *Combien avez-vous besoin d'Argent pour bien vivre ? Avoir une vie confortable ? Offrir tout ce dont vous voulez aux autres ? Et vous réaliser à tous les niveaux ?* Peut-être aviez-vous déjà une réponse claire avant même le commencement de votre lecture, ou peut-être n'aviez-vous aucune idée de votre réponse. Maintenant que vous avez une meilleure idée de votre relation avec l'Argent, que vous avez déjà changé certaines croyances et transformé votre mindset, quelle est votre réponse aujourd'hui ?

Si vous êtes salarié, quel salaire voulez-vous gagner ? Si vous êtes entrepreneur, quel chiffre d'affaires voulez-vous atteindre ? Bref, combien voulez-vous d'Argent et comment vous sentez-vous avec ce chiffre ? Maintenant, prenez le temps de réaliser à quel point ce chiffre représente votre propre perception de ce que vous valez. Est-ce que votre perception a changé depuis le début de votre lecture ? Est-ce que votre relation avec l'Argent a commencé à se transformer ? Si vous avez écrit un chiffre beaucoup plus grand, c'est signe que vous avez effectivement amorcé votre transformation et augmenté votre valeur. Bravo !

Vous voulez augmenter votre valeur et transformer votre relation avec l'Argent encore plus rapidement ? Rappelez-vous les deux achats que je vous ai proposé de faire précédemment. Alors dites-moi, à quoi ressemble votre nouveau portefeuille ? Comment vous sentez-vous dans vos nouveaux sous-vêtements ? D'ailleurs, j'espère que vous êtes passé à l'action. Si ce n'est pas encore fait, qu'attendez-vous ? Ce sont des gestes concrets et qui ont un grand impact sur vous, sur votre valeur comme sur votre relation avec l'Argent. C'est aussi un puissant message que vous envoyez à l'Univers.

Vous rappelez-vous le jeu que je vous avais proposé dès le départ ? Celui de vous donner la permission de parler d'Argent avec moi comme si nous parlions de nourriture, de santé ou même de sexe, et ce, sans tabou ? Je vous avais d'ailleurs promis qu'à la fin de votre lecture, vous pourriez reprendre tous vos tabous et vos vieilles croyances si vous le vouliez vraiment, vous vous rappelez ? Eh bien, c'est maintenant l'heure de faire votre choix.

Première option, vous choisissez de revenir dans vos anciennes pantoufles et croyances comme à votre vieux mindset alors que votre relation avec l'Argent était probablement prête à se transformer, puisque vous avez ce livre entre vos mains. Ainsi, vous continuerez de jouer petit en faisant comme avant et, possiblement, en vous sabotant inconsciemment, alors que vous venez de lire un livre qui a le potentiel de changer totalement votre vie.

Deuxième option, vous choisissez de jouer le tout pour le tout, de penser et de jouer grand, même si vous ne savez pas encore comment faire. Je vous donne d'ailleurs un indice sur le comment : Faites ce que la majorité des gens ne sont pas prêts à faire pour avoir l'Argent et la vie que vous voulez ! Pour savoir si vous êtes prêt à jouer grand, posez-vous cette question : Êtes-vous prêt à faire ce que personne ne ferait pour avoir l'Argent et la vie que vous voulez ?

Si vous venez de répondre OUI à cette question, alors c'est signe que vous êtes prêt : prêt à reconnaître et à assumer votre valeur, à être en paix avec l'Argent, à parler d'Argent avec aisance, à changer vos croyances et votre mindset, à vous transformer comme à transformer votre relation avec l'Argent, à vous donner le droit de faire de l'Argent et à contribuer à la hauteur de vos aspirations. Alors, dites-moi, quel choix faites-vous ?

Mais si vous n'êtes toujours pas en mesure de chiffrer combien vous voulez gagner, quel message croyez-vous que l'Univers reçoit ? Pensez-y un instant… Effectivement, il sera impossible pour lui de vous apporter quoi que ce soit. C'est comme au restaurant, imaginez si vous ne passez pas de commande, que se passera-t-il ? Rien ! C'est exactement comme ça que ça fonctionne aussi avec l'Univers ! Et il y a autre chose que vous devez savoir…

Il y a deux chiffres, celui que vous demandez et celui que vous vibrez à partir de ce que vous croyez valoir. Peu importe le chiffre que vous demanderez, le seul que vous serez en mesure de recevoir est celui qui correspond à ce que vous croyez que vous valez. Il se peut donc que vous demandiez un chiffre avec votre tête, mais que vous ne soyez pas en mesure de le recevoir. Rappelez-vous que l'Univers ne peut que vous envoyez ce que vous vibrez.

C'est donc maintenant que votre transformation commence ! Rappelez-vous la fameuse question à vous poser : « Qui je dois Être pour attirer et manifester ______ $ par année ? » Cette question vous permettra tout doucement de vous aligner avec cette nouvelle version en devenir.

Puis, pour savoir dans quelle mesure c'est important pour vous d'y arriver, que c'est une priorité actuellement dans votre vie et, surtout, pour quand vous voulez y arriver, je vous invite également à vous demander : « Combien suis-je prêt à investir pour atteindre les résultats que je veux ? le revenu ou le chiffre d'affaires que je souhaite ? Plus vous sentirez l'urgence d'y arriver « pour hier », plus vous serez déterminé à investir beaucoup plus, tant financièrement, en temps qu'en énergie.

Je vous rappelle : pas d'investissement, pas de résultat ! Toute transformation vous demandera donc d'investir en vous, non seulement de l'Argent et de l'énergie mais encore plus, du temps ! Par ailleurs, vous développer vous demandera du courage et de la détermination dans les passages obligés vers qui vous avez à Être pour accéder à ce que vous voulez Avoir. Gardez le cap sur ce que vous désirez atteindre vous permettra de passer au travers plus facilement et, surtout, vous assurer de ne pas abandonner en chemin ! Bien entendu, faites-vous accompagner par un coach qui connaît le chemin pour l'avoir marché avant vous. Vous sauverez beaucoup d'énergie, de temps et d'Argent !

Pour y arriver, vous aurez donc à élargir votre champ de connaissances, à développer de nouvelles expertises et compétences comme à maitriser de nouvelles habiletés, des techniques et des approches, de même que de nouveaux outils et de nouvelles stratégies. Plus vous vous développerez, plus vous vous transformerez. Voilà la clé pour Être et manifester tout ce que vous désirez !

Vous devrez aussi changer vos croyances et votre mindset. Pour cela, portez attention à vos mots, vos réactions, vos opinions par rapport à l'Argent. Vous serez étonné de ce que vous découvrirez. C'est ce qui vous permettra de changer de niveau de conscience, de sortir de votre zone de confort, de pouvoir prendre de nouvelles décisions comme de faire de nouvelles actions. C'est ainsi que vous aurez de nouveaux résultats jamais obtenus auparavant.

Par ailleurs, si jamais à un moment ou un autre dans votre transformation vous vous sentez perdu, ramenez-vous toujours à cette question : Quelle décision prendrait la personne qui gagne déjà __________ $ par année ? Comment réagirait-elle ? Faites de même, tout simplement !

Pour terminer, rappelez-vous que l'Argent n'est jamais le problème. L'Argent est une énergie neutre, tout comme l'Amour ! Le problème, c'est plutôt la relation avec l'Argent, lequel agit comme un amplificateur, tant de vos peurs, de vos croyances que de vos insécurités, etc. Tout sera donc amplifié avec l'Argent.

De plus, il n'existe pas de pilule magique pour attirer tout l'Argent que vous désirez. C'est en transformant votre relation avec l'Argent que vous obtiendrez des résultats le plus rapidement. Comme cette relation est multidimensionnelle et multifactorielle, votre transformation se fait dans trois dimensions : Être + Faire = Avoir. Votre revenu ou votre chiffre d'affaires est le résultat final de votre transformation.

Votre relation avec l'Argent se révèle par vos AF, lesquels constituent la voie rapide pour accéder à la liberté financière. Cette relation est aussi influencée par plusieurs facteurs, que ce soit au niveau du passé, de la relation de couple, comme de qui vous êtes.

Vous savez, je crois profondément que votre relation avec l'Argent peut en dire long sur vous : vos valeurs, vos visions et vos intentions, vos priorités, vos motivations, vos habitudes et attitudes, de même que vos comportements, vos faits et gestes tout comme votre valeur, votre mindset, votre revenu ou votre chiffre d'affaires. Votre relation avec l'Argent est donc le reflet de qui vous êtes, comme la façon dont vous le gérez démontre la façon dont vous gérez tout le reste.

De plus, votre relation avec l'Argent détermine votre valeur. Votre revenu ou votre chiffre d'affaires est le reflet de votre propre perception de votre valeur. Plus grande est votre valeur perçue, plus grands seront les revenus. C'est ainsi que votre relation avec l'Argent détermine non seulement ce que vous faites et ce que vous gagnez mais elle révèle aussi votre contribution au monde.

C'est donc en transformant votre relation avec l'Argent que vous pourrez passer au prochain niveau d'expansion, augmenter votre revenu ou votre chiffre d'affaires et que vous pourrez accéder à la liberté financière. En appliquant les 21 règles d'or pour accéder à la liberté financière et avoir une vie riche de sens que je vous présente ici de nouveau, vous mettrez tout en œuvre pour y arriver à la vitesse grand V !

Les 21 règles d'or pour accéder à la liberté financière et avoir une vie riche de sens

Règle d'or n° 1 : Investissez en vous !

Règle d'or n° 2 : Lâchez les excuses !

Règle d'or n° 3 : Arrêtez d'attendre la pilule magique !

Règle d'or n° 4 : Honorez votre puissance !

Règle d'or n° 5 : Prenez des risques !

Règle d'or n° 6 : Libérez-vous de l'insécurité financière !

Règle d'or n° 7 : Démarquez-vous !

Règle d'or n° 8 : Oubliez la perfection !

Règle d'or n° 9 : Embrassez l'envers de la médaille !

Règle d'or n° 10 : Sachez bien vous entourer !

Règle d'or n° 11 : Changez vos croyances !

Règle d'or n° 12 : Éduquez-vous financièrement !

Règle d'or n° 13 : Augmentez et créez de la valeur !

Règle d'or n° 14 : Ayez une vision claire !

Règle d'or n° 15 : Épargnez !

Règle d'or n° 16 : Payez-vous en premier !

Règle d'or n° 17 : Diversifiez vos sources de revenus !

Règle d'or n° 18 : Incarnez vos Archétypes Financiers !

Règle d'or n° 19 : Aimez l'Argent !

Règle d'or n° 20 : Célébrez et remerciez !

Règle d'or n° 21 : Apportez votre contribution !

Pour conclure, vous savez, j'ai vécu bon nombre de transformation dans ma vie et la plus rapide a été, sans aucun doute, celle avec l'Argent. Par contre, j'étais loin de me douter à quel point ma vie entière passerait à un autre niveau d'expansion totalement. C'est d'ailleurs ce qui m'a donné l'idée d'écrire ce livre afin de partager avec vous non seulement comment j'ai transformé ma relation avec l'Argent mais surtout comment vous pouvez, vous aussi, transformer dès aujourd'hui la vôtre.

Si vous êtes insatisfait de ce que vous gagnez en ce moment, vous savez maintenant que transformer votre relation avec l'Argent est un *must*! La bonne nouvelle est que vous avez aujourd'hui tout en main pour y arriver et changer non seulement votre situation financière mais votre vie entière. Il n'en tient qu'à vous. C'est d'ailleurs la transformation la plus rapide que vous pouvez vivre dans laquelle vous verrez à quel point les possibilités sont infinies et que tout est possible! C'est ainsi que vous pourrez gagner plus d'Argent, accéder à la liberté financière et avoir une vie riche de sens.

REMERCIEMENTS

À mon amoureux, Richard. Merci d'être l'homme que tu es et de marcher à mes côtés. Merci de ta patience, de ta compréhension et de ton soutien dans toute ma créativité et mes idées de grandeur. Merci de tout mettre en œuvre pour que je puisse briller en partageant mon message toujours plus haut, toujours plus loin. Tu es un partenaire de vie extraordinaire. C'est un bonheur de grandir avec toi. Je t'aime.

Au père de mes enfants, merci de faire de notre relation de coparentalité une relation saine, harmonieuse et respectueuse qui me donne l'espace nécessaire à ma création et à mon émancipation.

À ma mère, mes enfants et ma famille, merci d'être là. Je vous aime.

À mon « Dream Team » que j'adore, merci de votre présence comme de votre dévouement, et plus particulièrement à France Fournier, merci pour l'ensemble de ton œuvre !

À tous mes clients et clientes passés, présents et futurs, merci de votre confiance. C'est un grand privilège de vous guider et de vous accompagner à contribuer et à changer le monde !

À tous ceux et celles qui me suivent sur les réseaux sociaux à partir des quatre coins du monde, c'est une grande joie de vous inspirer jour après jour.

À l'Univers, merci de conspirer à la hauteur de mes ambitions et même plus !

À PROPOS DE L'AUTEURE

Money and Business Coach, conférencière et auteure, **Isabelle Lefebvre** est une leader visionnaire dans le monde du coaching. Elle est reconnue comme étant celle qui propulse les entreprises à des niveaux d'expansion élevés afin d'augmenter leur chiffre d'affaires. Sa mission est de contribuer à un monde meilleur en inspirant la liberté d'être, la détermination et le dépassement de soi.

Diplômée d'une maîtrise en kinésiologie, elle a travaillé dans le domaine de la santé pendant quinze ans avant d'œuvrer comme PCC Coach professionnelle certifiée par l'International Coach depuis maintenant dix ans. C'est ce qui lui a permis de découvrir sa zone de génie : le coaching de transformation.

Toujours à la recherche des plus hauts sommets, Isabelle a également obtenu deux certifications américaines de coaching d'affaires de haut niveau, soit *Money Breakthrough Business Certified Coach*™ et *Sacred Money Archetypes*® *Certified Coach* avec la coach d'affaires de renommée mondiale Kendall Summerhawk.

Fondatrice d'Azur Coaching inc., elle a développé au cours des dix dernières années son propre système : *la Pyramide Stratégique*. Un système simple, rapide et efficace pour passer au prochain niveau d'expansion, augmenter votre revenu ou votre chiffre d'affaires et accéder à la liberté financière.

Offrant un coaching d'affaires stratégique de haute performance, elle accompagne des entrepreneurs, des dirigeants et des gestionnaires à penser, à voir et à faire autrement, à s'aligner et à développer leur plein potentiel afin de se réaliser et d'apporter leur plus grande contribution au monde.

Elle s'entoure maintenant d'une équipe de collaborateurs chevronnés afin d'offrir un plus large éventail d'expertise à ses clients et leur permettre d'atteindre le succès désiré avec les meilleurs outils possible.

Elle est également l'auteure du livre *100 % Alignée, 100 % Assumée — Tout est possible!* dans lequel elle présente son parcours de battante et de conquérante. C'est d'ailleurs ses multiples transformations qui l'ont amenée à se dépasser dans plusieurs plans de sa vie, tant personnelle que professionnelle : une perte de poids de 37 kg (80 lb), un changement de vie important, une guérison physique et plus encore.

Isabelle est une femme d'action et comme elle le dit souvent : «**Je n'ai pas le temps d'attendre !**»

Pour faire un pas de plus, visitez :
isabellelefebvre.com

Vous y découvrirez mon blogue, mes différents programmes en ligne ainsi que mes programmes de coaching.

Pour alimenter votre réflexion en lien avec votre relation avec l'Argent, téléchargez le guide qui accompagne ce livre :
isabellelefebvre.com/livre-Argent

Pour faire le test et découvrir vos Archétypes Financiers :
isabellelefebvre.com/produit/programme-en-ligne-decouvrez-vos-archetypes-financiers/

Pour me suivre sur mes différents réseaux sociaux, voyez :
Facebook : isabellelefebvrecoach
Instagram : isabellelefebvrecoach
Linkedin : isabellelefebvrecoach

Pour communiquer avec moi, écrivez-moi :
info@isabellelefebvre.com

Au plaisir de vous accompagner à transformer votre relation avec l'Argent, accéder à la liberté financière et avoir une vie riche de sens.

Isabelle

AUTRE OUVRAGE DE L'AUTEURE CHEZ BÉLIVEAU ÉDITEUR

100 % Alignée, 100 % Assumée
Tout est possible

C'est à la suite de l'annonce d'une maladie dégénérative à l'âge de 18 ans, avec ses multiples défis et handicaps physiques, que l'avenir d'Isabelle Lefebvre se retrouve ébranlé.

Un jour, n'en pouvant plus de vivre dans la douleur et la souffrance du quotidien, elle se fait une promesse et entreprend la plus grande transformation de sa vie. Son cheminement l'amène à découvrir sa mission, à développer sa propre méthode qui lui permet de relever n'importe quel défi et changer complètement de vie. C'est d'ailleurs ainsi qu'elle se guérit de la polyarthrite rhumatoïde et qu'elle se libère d'un surpoids de 37 kilos (80 lb).

En alliant deux éléments incontournables à son succès, la spiritualité et les affaires, elle est aujourd'hui Coach d'Affaires, Activatrice de Dons et Créatrice d'Empires. Elle rêve de parcourir la planète pour partager son message, car pour elle, il n'y a qu'une seule certitude :

Peu importe le changement que vous voulez apporter dans votre vie, que ce soit au niveau personnel, professionnel ou en affaires, quand vous êtes *100 % Alignée 100 % Assumée*, TOUT EST POSSIBLE !

AUTRE OUVRAGE CHEZ BÉLIVEAU ÉDITEUR

Vous méritez ce qu'il y a de meilleur dans la vie

Soyez le meilleur de vous-même

CHRISTIAN ALAIN

Ce livre, qui s'adresse autant aux adolescents qu'aux adultes, est un véritable outil d'introspection et de travail sur soi, qui deviendra votre compagnon de tous les jours.

C'est un guide d'autocoaching qui vous permettra d'intégrer dans votre quotidien des outils efficaces pour obtenir un changement réel, durable et à la hauteur de vos attentes. En plus d'exercices concrets, de clés de changement, de suggestions de mises en pratique, de balises pour mieux vivre vos aspirations, il renferme une foule de conseils testés et approuvés afin de vous accompagner dans la réalisation de vos projets et de vos rêves.

Vous deviendrez ainsi plus conscient des mécanismes qui sabotent vos chances de succès et plus responsable de votre dynamique intérieure afin de mériter vraiment ce qu'il y a de meilleur dans votre vie…

Développez votre potentiel et croyez-y !

Suivez Béliveau éditeur sur les réseaux sociaux
pour rester informé des nouveautés,
des ouvrages et des activités !

facebook.com/EditeurBeliveau/

instagram.com/beliveaueditein

youtube.com/c/BéliveauéditeurBoucherville

visitez beliveauediteur.com

Achevé d'imprimer
sur les presses de
Imprimerie H.L.N.
Imprimé au Canada - Printed in Canada